www.ingramcontent.com/pod-product-compliance
Lightning Source LLC
Chambersburg PA
CBHW050742180726

48003CB00019B/797

حواء في منتصف العمر

* الكتاب: حواء في منتصف العمر

* الكاتبة: عبير خضر

* تصميم الغلاف: يمنى الباسل

تدقيق لغوي: قسم التحرير بمنتدى الأدب الحر

* إخراج داخلي: قسم الإخراج بمنتدى الأدب

* رقم الإيداع: 2024\2543

* الترقيم الدولي: 4-37-8825-977-978

صدر بالتعاون بين
دار مشكاة للطبع والنشر والتوزيع
ودار منتدى الأدب الحر للنشر والتوزيع

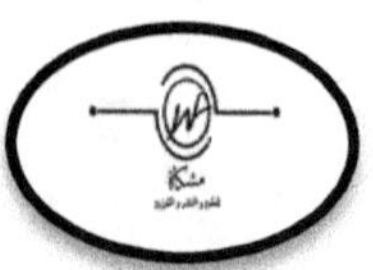

كل ما ورد في هذا العمل مسئولية مؤلفه، من حيث الآراء والأفكار والمعتقدات، وكونه أصيلًا له غير منقول.

حواء

في منتصف العمر

عبير خضر

إن المرأة بكل ما تحمل من وعي وفكر وثقافة هي مؤثر فعال بقصد أو بدون قصد، تنقل أفكارها وثقافاته إلى كل المحيطين بها بشكل مباشر أو غير مباشر بالسلب كان أو بالإيجاب لديها قدرة غير طبيعية على التأثير على من حولها، فهي كالقلب داخل المجتمع إذا صلحت صلح المجتمع كله وإذا فسدت انهارت أمة بأكملها، لذا حاولت هنا إلقاء الضوء على مرحلة عمرية مهمة جدا في حياة المرأة مرحلة تمتد تأثيراتها الإيجابية والسلبية إلى أبعد بكثير من حدود الشخص نفسه، (المرأة) بل إلى أبعد من حدود الأسرة نفسها بل إلى المجتمع بشكل عام (منتصف العمر).

تلك المرحلة الانتقالية النمائية والتي تحمل بين طياتها تغيرات فسيولوجية جسمية ونفسية واجتماعية، والتي تتأثر كثيرا بمدى إدراك المرأة ووعيها لهذه المرحلة، ومدى استيعاب المحيطين لحساسية تلك المرحلة، تلك المرحلة التي تناولها كثير من العلماء بالدراسة والأبحاث منذ عدة عقود منتصف العمر مرحلة عمرية، مثلها كباقي المراحل السابقة التي يمر بها الرجل والمرأة سواء بسواء، وجميع مراحل العمر المختلفة عباره عن محطات متتالية لها بداية ونهاية وفي نهاية كل مرحلة وبداية أخرى تعتبر مرحلة انتقالية لها من السمات والصفات والخصائص ما يميز كل مرحله عن الأخرى، واتفق علماء النفس على هذا، وأهمهم عالم النفس أريك أريكسون حيث قسم عمر الإنسان لثماني مراحل، وتحدث عن كل مرحلة أن لها جانب سلبي وجانب إيجابي، الإنسان يسير بين الجانبين، إما أن يقترب للجانب الإيجابي أو يميل إلى الجانب السلبي، ومما أعطى هذه التقسيمات الثمانية أهمية أنه استخدم الملاحظة الإكلينيكية لا التصور النظري.

تقول (ايدا لوشان): "منتصف العمر هو فرصة لاستكمال مسيرة أزمة الهوية التي بدأت في المراهقة، إنها فرصتنا الثانية لندرك المعنى الحقيقي لكي تكون ما تريد، لكي تعزف لحنك الخاص، لكي تصبح ذاتك بكل العمق والصدق إنها الفرصة لكي تعرف أخيرا الحقائق الخاصة بك وبناء عليه تملك الحرية لتكشف هويتك الحقيقية، مهما كان عدد ما يعتمدون علينا، ومهما كان عدد الأخطاء التي اقترفناها، يمكننا الآن أن ننظر نظره جديدة[1].

تقول رقية نصيف 2012 (هي مرحلة تُخضع الفرد إلى إعادة تقدير وتقويم، وأنها فترة التعلم التي تعطينا الفرصة لإحداث التغيرات بحيث نصبح أكثر اهتماما بدواخلنا التي لم نكتشفها من قبل، وتطوير معارفنا والشعور بالقوة من الداخل وتقليل الاعتماد على الآخرين.

وتحل الاهتمامات الروحية محل الاعتبارات المادية التي كانت سائدة في النصف الأول من الحياة)[2]

حاولت هنا من خلال دراستي البحثية وتجربتي الشخصية أن أمد يد العون لكل سيدة بلغت منتصف العمر ودخلت مرحلة من التيه، نعم قد تكون فترة التيه لشريحة كبيرة من النساء، فالغالبية بعد الأربعين بين (زوجة تتحمل الزوج، عبء المسئولية، أو عزباء لم تتزوج بعد أو أرملة أو مطلقه أو ثكلي) لا شك أن مرحلة منتصف العمر تختلف حدتها على حسب اختلاف الظروف الاجتماعية للمرأة وعلى حسب الوسط والبيئة التي تحيا فيها وعلى حسب تفهم الأسرة والمحيطين بها.

---

1) أزمة منتصف العمر ايدا لوشان
2) رقية نصيف 2012

منتصف العمر كما أوضح علماء النفس مرحلة عمرية تتأثر بكل ما يحيط بها كمثيلاتها من المراحل العمرية، غير أن عامل الزمن والعمر وإدراك قيمته يجعل واقع الأمر أشد وطأة على النفس.

أقول لتلك السيدة لست وحدك، نستطيع أن نعيد ترتيب أولوياتنا، نستطيع أن نستعيد توازن مسيرتنا الحياتية من جديد ونبدأ بداية تليق بحالة النضج التي وصلنا إليها.

في هذا الكتاب أحاول إلقاء الضوء على بعض المفاهيم والوسائل التي تساعد المرأة في تخطي تلك المرحلة بسلام.

إلقاء الضوء على أهمية توفير برامج وقائية وعلاجية إذا احتاج الأمر للتنفيس عن الضغوطات والظروف التي تحيط بالمرأة، برامج كالعلاج بالفن والألوان والذي أثبت فاعلياته مع جميع الفئات العمرية بكل ما يحيط بهم من ظروف مختلفة.

سيدتي الجميلة، بل سيدتي رائعة الجمال، أما عن الجمال فلا أعني جمال الهيئة والشكل فقط، بل أعني جمال الحياة التي تفيضين بها أنت سيدتي على المحيطين من حولك، جمال الأمل والتفاؤل الذي تبعثين به في كل مكان مثل رزاز العطر الفواح الذي يأسر قلوب التائهين.

أنت التي لم تطب الحياة إلا بك، ولا أنس فيها إلا معك، فخلقتي بعد آدم عليه السلام ليطمئن ويأنس وأنتِ بجواره فكنتِ الشريك والرفيق، وهكذا تسير الحياة رحلة طويلة من العطاء المشترك واللامحدود لبناء جيل جديد يحمل من صفاتنا وموروثاتنا ما يساهم في استمرار الحياة، تناول القرآن الكريم الحديث عن الأنثى فساواها مع الرجل.

من نفس واحدة:

{الَّذِي خَلَقَكُم مِّن نَّفْسٍ وَاحِدَةٍ وَخَلَقَ مِنْهَا زَوْجَهَا وَبَثَّ مِنْهُمَا رِجَالًا كَثِيرًا وَنِسَاءً (1) } [1]

{إِنَّ الْمُسْلِمِينَ وَالْمُسْلِمَاتِ وَالْمُؤْمِنِينَ وَالْمُؤْمِنَاتِ وَالْقَانِتِينَ وَالْقَانِتَاتِ وَالصَّادِقِينَ وَالصَّادِقَاتِ وَالصَّابِرِينَ وَالصَّابِرَاتِ وَالْخَاشِعِينَ وَالْخَاشِعَاتِ وَالْمُتَصَدِّقِينَ وَالْمُتَصَدِّقَاتِ وَالصَّائِمِينَ وَالصَّائِمَاتِ وَالْحَافِظِينَ فُرُوجَهُمْ وَالْحَافِظَاتِ وَالذَّاكِرِينَ اللَّهَ كَثِيرًا وَالذَّاكِرَاتِ أَعَدَّ اللَّهُ لَهُم مَّغْفِرَةً وَأَجْرًا عَظِيمًا} [2]

المـسـاواة:

التساوي في وجود هذا المخلوق الإنساني، وفي أصل وجوده يعلن عن مسؤولية مشتركة جنبا إلى جنب بجوار الرجل، قالوا عنك قوة التغير، يقول محمد مروان (تكمن أهمية دور الأمومة في حياة المرأة إلى كونها عاملا أساسيا في قيام الحضارات والأمم فمن دونها لا يمكن أن يكون هناك علماء وعظماء يساهمون في تغير الواقع بما يفي الإنسانية).

مسئولية بالفطرة والإعداد الجيد مهم لإنجازها

إن هذا الدور العظيم الذي يقع على عاتقك وتأثيره العظيم على تماسك المجتمع، وإعداد أجيال وأجيال تنهض به جزء كبير منه جُبلتي عليه بفطرتك التي خلقها الله، والجزء الآخر يتوقف على مدى إدراكك لعظم هذه المسؤولية وقيمة هذه الرسالة التي تؤديها، وكلما كان هناك إعداد مسبق لهذا الدور، وتأهيلك لأداء هذا الدور الكبير الواقع عليك رضيت أم أبيت، فهو مسؤولية قائمة خلقتي من أجلها وسينسب لك الفشل أو النجاح، فأنت رقم واحد أمام الجميع. فأنتِ الأم والجدة والأخت والابنة والزوجة، أنتِ نصف المجتمع، وأنت من تحرك النصف الآخر نحو التقدم أو التأخر.

---

1 سورة النساء
2 الأحزاب: 35

منتصف العمر

لنبدأ الرحلة... ها نحن أصبحنا على مشارف الأربعين أو أكبر قليلا، أنت في منتصف العمر في مرحلة عمريه مثلها كباقي المراحل السابقة التي يمر بها الرجل والمرأة سواء بسواء، وجميع مراحل العمر المختلفة عباره عن محطات متتالية لها بداية ونهاية وفي نهاية كل مرحلة وبداية أخرى تعتبر مرحلة انتقالية لها من السمات والصفات والخصائص ما يميز كل مرحلة عن الأخرى، واتفق علماء النفس على هذا، وأهم علماء النفس الذين تعرضوا لمراحل عمر الإنسان عالم النفس "أريك أريكسون" حيث قسم عمر الإنسان لثماني مراحل، وتحدث عن كل مرحلة أن لها جانب سلبي وجانب إيجابي، الإنسان يسير بين الجانبين، إما أن يقترب للجانب الإيجابي، أو يميل إلى الجانب السلبي حيث جعل مرحلة منتصف العمر المرحلة السابعة وأطلق عليها مرحلة الإنتاجية مقابل الركود، أي إما أن يكون إنسان منتج؛ أي لديه فاعلية نحو الأعمال الخلاقة التي تنمى، ويحدث من خلالها تفاعل اجتماعي مثمر، أنت إنسان مسئول مؤثر فيمن حولك وللأجيال القادمة، وأما الجانب الآخر الركود ولا يعني الركود عدم الفاعلية والإنتاجية فقط، ولكن أيضا يعني تشتيت الطاقة في غير مكانها أو المبالغة في إسهامات قد لا تكون واقعية ولا حقيقية مجرد محاولات فقط واهية لإثبات الذات من غير منهجية ولا هدف واضح، والركود يعني هنا بالتحديد لا إنتاج ولا نتيجة مفيدة تعود على الفرد ولا المجتمع، وهنا تظهر ما يسمى أزمة منتصف الحياه.

أزمة منتصف العمر:

هل سمعت سيدتي عن هذا المصطلح من قبل أزمة منتصف العمر؟ نعم هي أزمة تتفاوت درجة حدتها حسب الظروف البيئية المحيطة، وحسب التنشئة والإدراك والوعي والمرونة النفسية التي تتمتع بها المرأة وحسب ما تتمتع به من ثقافة وعلم وحسب ما لديها من مخزون من الخبرات الحياتية يمكنها من التعامل مع ما تتعرض له من أزمات وكيفية إدارتها والتكيف معها.

إن الظروف التي تمر بها النساء في هذه السن ليست ظروفا فريدة من نوعها، ولكنها ظروف تشاطرها معظم النساء، بل المرأة تجد مع كل حدث أو عرض تمر به هي رقم يضاف لحالات كثيرة، نعم هي أزمة يعترف بها كثير من النساء، والبقية الأخرى تستميت لتعبرها في صمت، وهذه الفئة هي التي تم تأهيلها وإعدادها لتواجه صعاب الحياة ومتغيراتها، وهنا الشخص يحتاج إلى مساعده ومساندة.

يرى عالم النفس هارجرف (Hargrve,2008) أن ما يحدث في منتصف العمر له جانب إيجابي من مرحلة تقييم الذات وتقييم الماضي وترتيب الأولويات والاعتراف بنهاية "أن التقييم الذاتي قد يكون مؤلم، ولكن يبصر الإنسان بتطوير نفسه، وتقييم الماضي هو إعادة لترتيب الأولويات والاعتراف بالنهاية إدراك لقيمة الوقت"[1].

---

1) عالم النفس هارجرف Hargrve

لماذا منتصف العمر عند المرأة بالذات؟

قد تتساءلين ويتساءل البعض، لماذا اخترت منتصف العمر بالذات ولماذا حديثك إلى المرأة، والمرحلة تخص الرجل والمرأة سواء بسواء؟!

أولا: سيدتي الجميلة، لا أخفيك سرا أنا متحيزه لبنات حواء، نعم سبق هذا الكتاب دراسة علمية قمت بها فزادت من رصيدي حول تلك المرحلة، ولكن من وجهة نظري أنا هنا أتحدث معك، مع نفسي، مع تجربتنا المتشابهة، مع أختي، مع صديقتي، مع ابنتي في منتصف العمر، وصديقاتي أغلبهن في منتصف العمر، زملاء عملي في منتصف العمر أكبر شريحة تعاملت معها وفي أثناء وظيفتي كن في منتصف العمر، فهذا حديثي إلى نفسي، بل همساتي إليكِ.

ثانيا... سيدتي، أنتِ ربان السفينة، أنت القائد والمسئول حتى لوكان معك رفيق الدرب، أنت تدركين هذا جيداً، وتعلمين أنكِ تتحملين العبء الأكبر، وتعلمين أن الفشل في الوصول إلي بر الأمان سوف ينسب إليكِ حتي لوكان معك شركاء.

وأيضا النجاح في الوصول فخر واعتزاز لك كامرأة تأبى إلا أن تكون الأكثر تميزا بأداء مسئولياتها، وهذه هي نظرة المجتمع للمرأة إذا وجدت الأسرة معظم أفرادها على درجة عالية من النجاح والنضج والفهم، تفتش عن المرأة والعكس أي انهيار في أسرة تجد العيون تفتش عن المرأة، تخيل معي ربان سفينة في منتصف رحلته يصاب في وقت ما بحالة إرهاق شديد أو يصاب باضطرابات في نظام نومه المعتاد، صداع شديد، أحيانا فقدان القدرة على التركيز لو لأوقات متقطعة، أو تطول المدة التي يعاني فيها من آلام والسفينة تحمل على متنها شاب مراهق، أو فتاة في مرحلة الثانوية العامة، أول أطفال في مراحل الطفولة المبكرة، وزوج يعاني طوال اليوم بين

عمل وعملين ليوفر حياة كريمة لأسرته.

كيف سيحافظ ربان السفينة على توفير الأمان وهو الذي أجهدته الرحلة؟

أنتِ سيدتي ربان السفينة، هذا ما يحدث لك.

إن الرحلة التي قطعتيها كانت طويلة مجهدة، وما زلتِ في منتصف الطريق وعليك المواصلة بنفس الوتيرة التي كنتِ عليها منذ بداية الرحلة، ولكن يستوقفك بعض التغيرات التي طرأت على جسدك المنهك تغيرات فسيولوجية خاصة بطبيعتك كأنثى مما ينعكس على حالاتك النفسية مصاحب لذلك حالة النضج الفكري في هذه السن، وكأنك استيقظت للتو ووجدت نفسك في منتصف الطريق بحالة النضج الفكري التي تعيشها، يجب عليك استكمال الطريق لتنهي رحلتك بنجاح، وتحقيق ما ترنو إليه وبحالتك المزاجية والتغيرات التي طرأت عليك تشعرين بالضعف والهشاشة والفقد والاحتياج، صراع نفسي بين ما يجب أن تقومي به وتعطي، وبين احتياجاتك النفسية والصحية.

هذه التغيرات الفسيولوجية التي تنبؤكِ بتقدم العمر، والتي تتشابه مع بعض التغيرات التي صاحبتك في مرحلة البلوغ والنضج، مع الفارق الكبير هناك الإعلان عن بداية رحلة جدية ومغامرة حياتية سوف تخوضينها عبر السنين، أما المرحلة التي جاءت بعد الأربعين تنظرين إليها وكأنها إعلان عن بداية النهاية.

التنشئة الاجتماعية والخبرات المخزونة:

سيدتي الجميلة، إن الحياة مراحل انتقالية، ومراحل النمو التي نمر بها مراحل انتقالية متناغمة تحتاج فقط أن نكون على درجة من الوعي والإدراك، أن نتطلع على دليل الرحلة، ونتعرف على مراحل أو أماكن الانتقال وماذا سوف نحتاج عندما تستقبل ما يطرأ علينا من تغيرات تناسب كل مرحلة، وما لها من خصائص وسمات مخزون من الخبرات الدفينة التي تحرك مشاعرنا دون أن ندري أنه ماضي دفين.

مراحل العمر من الطفولة إلى المراهقة إلى الشباب إلى منتصف العمر مخزون من كل مرحلة لم يتم الإعداد لها بشكل جيد، قد نكون تخطيناها بقدر كبير من السلام، أو بعضها تخطيناها بقدر كبير من المعاناة وأصبح مخزون في الأعماق بقدر السلام أو النجاح في الانتقال من مرحلة إلى مرحلة، هذا ما سينعكس على المرونة النفسية التي سنكون عليها في منتصف العمر، كما أكدت دراسة ماجدة الكشكي وآخرون (2020)، أن السيدة التي تتمتع بمرونة نفسية عالية تستطيع التعامل مع المتغيرات الفسيولوجية والنفسية التي تحدث لها في منتصف العمر، وبالتالي تنخفض لديها أزمة منتصف العمر[1].

---

1 (مجدة الكشكي (2020)

منتصف العمر:

إن منتصف العمر يكاد يكون المصب الذي يتجمع فيه خبرات ومخزون السنين ما يصب فيه من إيجابيات سننتفع بها، وستكون أدوات حماية وقوة يتم توظيفها بقدر ما نحمل من مفاهيم إدارية فكرية حول التكيف مع الأزمة وكيفية إدارتها، سيدتي الجميلة، إنها معركة البقاء لاستكمال الرحلة والوصول إلى بر الأمان بكل من كان معنا على السفينة، بل وسنتابع ونتأكد أن رفقاء الرحلة اجتازوا معنا بسلام وبأعلى درجات المرونة النفسية والصحة النفسية، ولن ننسى أن نوضح لهم، ونشرح بالحوار والمناقشة والخبرة التي اكتسبتها أنهم يستطيعون إدارة الحياه بكل ما فيها من أزمات، والخروج من كل أزمة بأكبر قدر من النضج والوعي.

تدركين لماذا؟ لأنك أنتِ ربان السفينة، أنتِ من تُجيدين التأثير النفسي والإيجابي الفعال على إدارة قوة التغير في الاتجاه الذي تريدين أنت قوة التغير. نعم أنت.

قـــوة الــتــغــيــير:

"تكمن أهمية دور الأمومة في حياة المرأة إلى كونها عاملا أساسيا في قيام الحضارات والأمم، فمن دونها لا يمكن أن يكون هناك علماء وعظماء يساهمون في تغير الواقع بما يفي الإنسانية"[1].

دور المرأة في المجتمع محمد مروان 19ديسمبر:

إن هذا الدور العظيم الذي يقع على عاتقك، وتأثيرك العظيم على تماسك المجتمع، وإعداد أجيال وأجيال تنهضي به، جزء كبير منه جُبلتي عليه بفطرتك التي خلقك الله عليها، والجزء الآخر يتوقف على مدى إدراكك لعظم هذه المسؤولية، وقيمة هذه الرسالة التي تؤديها. نعم أنتِ قوة التغير،

---

1 محمد مروان

وتحدث القرآن بكل وضوح عن ذلك:

من الآيات التي أجملت عظم دور المرأة وتأثيرها على الأمم والمجتمعات، عندما ضرب الله مثلا للمؤمنين ومثلا للكافرين جاءت الأمثال لتتحدث عن نساء، فلو كان المثال خاص بالمرأة لجاءت بصيغة المؤنث، ولكن الصيغة جاءت للمؤمنين بشكل عام وللكافرين بشكل عام.

قال تعالى: {ضَرَبَ اللَّهُ مَثَلًا لِّلَّذِينَ كَفَرُوا امْرَأَتَ نُوحٍ وَامْرَأَتَ لُوطٍ كَانَتَا تَحْتَ عَبْدَيْنِ مِنْ عِبَادِنَا صَالِحَيْنِ فَخَانَتَاهُمَا فَلَمْ يُغْنِيَا عَنْهُمَا مِنَ اللَّهِ شَيْئًا وَقِيلَ ادْخُلَا النَّارَ مَعَ الدَّاخِلِينَ} [66] [1]. إنّنا نستوحي من هذه الآية والتي تشير إلى قصص أنبياء الله نوح ولوط والتي تظهر مدى تأثير زوجتَي لوط ونوح وتكدير حياة أنبياء الله في أداء رسالتهما، وكيف شاركا في فساد قومهما فكان عاقبتهما أنهما من أصحاب النار.

أما المثال الآخر فكان لأهل الإيمان، " وَضَرَبَ اللَّهُ مَثَلًا لِّلَّذِينَ آمَنُوا امْرَأَتَ فِرْعَوْنَ إِذْ قَالَتْ رَبِّ ابْنِ لِي عِندَكَ بَيْتًا فِي الْجَنَّةِ وَنَجِّنِي مِن فِرْعَوْنَ وَعَمَلِهِ وَنَجِّنِي مِنَ الْقَوْمِ الظَّالِمِينَ (11) وَمَرْيَمَ ابْنَتَ عِمْرَانَ الَّتِي أَحْصَنَتْ فَرْجَهَا فَنَفَخْنَا فِيهِ مِن رُّوحِنَا وَصَدَّقَتْ بِكَلِمَاتِ رَبِّهَا وَكُتُبِهِ وَكَانَتْ مِنَ الْقَانِتِينَ " [2] وكان المثال لامرأتين ساندا دعوة الله وأنبياء الله في أداء رسالتهما، إذا رأيت مجتمعا ناجحا يتصف بالصلاح والتوفيق ابحث عن المرأة، وإذا رأيت العكس ابحث عن المرأة.

---

[1] سورة التحريم
[2] سورة التحريم

حـديـث الـنـفـس للـنـفـس:

نتحدث حديث النفس للنفس، لن تجدي أحدا يشعر بما تعانيه إلا امرأة مثلك، فلا تتألمي من كلماتي، وينتابك شعور بالحزن وكأنني أعيد على مسامعك وصايا أصبحت تصيبك بالملل والتمرد وإن كنتِ لا تريدين الجهر بها أحيانا، نعم قد أكون أطلت في مقدمتي، ولكن أردت التمهيد لحديثنا، وسوف نعود للبداية لماذا منتصف العمر؟

البداية قد تشارك في وجود الأزمة:

رحلة تأسيس الأسرة في مجتمعاتنا تعتمد على مقومات محددة للإسراع في إتمام الزيجة، أن يكون (الزوج مناسب - أن تكون مادياته تسمح للإنفاق – مكان السكن)، وهذا في أحسن الحالات، وأحيانا التهاون في المقدرة على الإنفاق ومكان مستقر للأسرة، وتتم الزيجة بقيادة فتى وفتاه كل ما يحملان من خلفية لقيادة السفينة موروثات ثقافية من الأهل والأصدقاء حتى في الأمور الخاصة بالزواج ثقافة المواقع الإلكترونية وحدث ولا حرج.

وتمضي الحياة عندما يتواجد الحب من البداية يصارع معهما من أجل الاستمرار، وينجح لفترة من الزمن عندما يتوفر الفهم لأهمية استمرار الرحلة يطيل من عمر الرفقة لفترة من الزمن، أما كيف تستمر وتدار متروك لما نحمله من تصورات وأحلام كنا نبنيها في مخيلاتنا سيدتي جميلة الجميلات ابنتي يا ريحانة بيت أبيك، وأيتها الزوجة والأم يا قلب الأسرة الذي ينبض ويحيا وينتعش بابتسامة الصغير قبل الكبير، هذه المؤسسة التي أنشأتها أنت وزوجك، وسوف تنشئها ابنتك وابنك، ما هي التصورات والرؤية التي تكونت لديك منذ البداية؟ ما هي الآلية التي اتفقت فيها مع زوجك لحل المشكلات والمواقف الحرجة التي قد تتعرضون لها عندما يعجز التفاهم بينكم، نعم سيدتي يجب أن نفكر في هذه الاحتمالات هل سنكتفي بالأحلام والمشاعر والحب؟

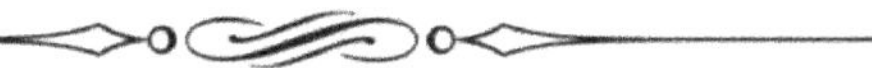

نعم، أعترف أنهما يساهمان بدرجة كبيرة من التخفيف من حدة المشكلة، ولكن هما بمثابة المسكن حتى الوصول لحلول، أو الاتفاق على ترك أمر ما لوقت معين اتفاق مشترك لا من طرف واحد.

الــرحلــة طويـلــة:

الحياة رحلة طويلة من المواقف والاختبارات والصعاب، يتخلل بعضها أوقات جميلة ولحظات سعيدة ومنح ربانية، فيجب علينا أولا أن ندرك أهمية هذه المنح الربانية التي تساق إلينا ونشكر الله عليها وإلا سنعيش دائما في حالة من السخط ولن نرضى أبداً حتى ينتصف العمر.

لماذا رقم الأربعين يمثل عند البعض أزمة؟ ماذا يحدث؟ تتحمل المرأة طوال الرحلة مالا يستطيع أحد تحمله وهي تعاني مع الزوج ظروفاً مادية، وتتخطى مواقف قد يتعجب البعض كيف تخطتها، وكل هذا وهي قابضة بكلتا يديها على عجلة القيادة حتى منتصف العمر تكون قد اعتادت القيادة في أسوء الظروف، وبدأت ترى صغارها ينتقلون من مرحلة إلى مرحلة وهي تتعجل النتائج، تعتقد أن الأولاد ما بين الطفولة المبكرة والمراهقة والشباب بداية انتهاء المعاناة التي كانت تدور في رحاها وهم صغار وتكون الصدمة عندما تجد نفسها أمام رحلة جديدة، بل وتتطلب منها إعداد نسخة أصلية منها أكثر فهم وإدراك ووعي وقوة.

المتطلبات زادت والاحتياجات ليست طعاما وملبسا ودراسة فقط، بل أصبح أفراد الأسرة كل واحد على حدة يحتاج منها مساندة وحوار ونقاش يرهق القلب من كثرة المحاولة للوصول لتقريب وجهات النظر، وجهات النظر مع صغيري بالأمس يجادلني، صغيرتي تتهمني أنني لم أتفهم ما تريد أن تقول حتى لو كانت كلمات الأبناء تحمل كل معاني الأدب ولكن وصلني المفهوم تتعالى الأصوات في المناقشة بعد أن كان لا يعلو صوت على صوت الأم، بل أصبحت أنا أخفض صوتي حتى لا أفقدهم رغبتهم في أن يلجأوا إليَّ، وتتعدد مشكلات الأبناء وأزماتهم في الدراسة وغيرها ومازالت الرحلة.

إن الاعتقاد بأن التربية لها وقت محدد مفهوم خاطئ، إن احتياجات الأبناء للوالدين ليس لها وقت محدد للانتهاء، وإن الإحساس بالمسئولية تجاه

18

روعـــة الأمهـــات:

صديقتي (م-ص) مؤهل متوسط بالرغم من ذلك كانت على درجة عالية من الوعي والتنظيم، هي تعمل في مجال تتعامل فيه مع تنوع عالي من الثقافات والدرجات العلمية، كان وجهها يحمل ابتسامة جميلة، وكثيرا ما كانت تلقي بعض الدعابات، وكنا نضحك كثيرا أثناء تواجدها، ودائما كانت في حالة حركة ونشاط، حركة إنسان مسؤول ليس لديه وقت.

تحكي أنها تزوجت من شاب غير متعلم يعمل عمل حر، الظروف المادية متوسطة، عاشت معه فتره من الزمن وهي تحاول بكل الطرق أن تسير السفينة، كنت أراها تتناول بعض التعليقات بنوع من الدعابة والسخرية والتي تحمل الكثير من الألم الذي لا تبوح به، كانت قوية عايشت معها أحداث الثانوية العامة مع ابنتها الكبرى ومتابعة أوقات الدروس بالدقيقة، كان أولادي صغار وقتها لم أتفهم وقتها مواقفها كما أتقيهما الآن.

وجدتها يوما تهيم على وجهها ليلا تبحث عن ابنها، كان في المرحلة الإعدادية تبحث في صالات السايير، تعجبت أين الزوج عندما سألتها لما أنت من تبحثين؟ ابتسمت بحزن واستكملت الحديث بدعابة وذهبت، وأصبح هذا الولد مدرس معروف، الابن الأصغر كان الاختبار الأصعب، وصل للجامعة ثم أصبح مدمنا في حالة متأخرة، جاءتني وتحدثت معي كانت تبكي في صمت بكاءً يوجع القلب، وقتها كانت تعيد محاولات علاجه التي فشلت، أنفقت على ابنها كل ما تملك مؤسسه خاصة متابعة رهيبة، كان يأتي إليها بعد تحسن حالته زيارات محدودة بصحبة مشرف من المؤسسة، كم كانت سعادتها وهي تخبرني أن رامي سوف يتناول الغداء معنا اليوم ساعتين وسيعود للمؤسسة، وتعافى رامي وأصبح محاسبا ويعمل في نفس المؤسسة، حدثتني يوما أنها كانت تريد الانفصال وهي على مشارف الأربعين، حيث لا يوجد تفاهم بينها وبين زوجها، وعندما عجزت الحلول

أصابها فقدان جزء من الذاكرة لفترة زمنية حتى تعافت ووقفت على قدميها من جديد، هي تعليم متوسط ولكن درجة الفهم والوعي والتحدي لإنجاز دورها وتخطيها مواقف وأزمات تعجز الرجال عن حملها، نعم سيدتي أنتِ قوة التغير والتحدي إذا توفر لك الإعداد والتنشئة الواعية.

سيدتي الجميلة، هل استوقفتك عبارة:

(وعندما عجزت الحلول، أصابها فقدان جزء من الذاكرة لفترة زمنية)

مررت عليها بشكل سريع، إنها معاناتها هي في مرحلة منتصف العمر، لأنها مرحلة من المراحل ستحكينها، أو تراها بعد ذلك رغم قسوتها مرحلة عمرية وانتهت، تخيلوا معي لو لم تجتز هذه المرحلة، هي الآن تحيا وسط أسرتها، الابنة خريجة هندسة متزوجة، الابن مدرس، والأصغر محاسب.

الكل متزوج، لها أحفاد أتخيلها تقوم بدور الجدة أروع ما تكون، أما عن معاناتها وفقدانها جزء من الذاكرة كانت حالة اليقظة التي جعلتها تدرك أنها وحدها تخوض غمار الحياة، الزوج يأتي بالمال الذي كثيراً كان لا يكفي احتياجات البيت، لا يشعر بمعاناتها بل لا يقدرها أحيانا، كانت الوقفة التي أفقدتها أن تتحمل زوجا لا يوفر لها احتياجاتها النفسية من تقدير وحب ومسانده، انهارت قواها وأصابها الإعياء مرحلة قاسية أرادت أن تنسى من هي، ولأنها استطاعت أن ترتب أولوياتها وقناعاتها وأن سعادتها مقترنه بسعادة أولادها ولن تشعر بمتعة الحياه بدونهم، وعليها أن تتخذ قرارات تعيد توازن الأمور من جديد، تخيلوا معي لو لم تتعافَ ماذا كان سيحدث للمراهق في المرحلة الإعدادية وهو يقضي وقته بين اللعب؟ ماذا كان سيحدث لرامي الذي أصبح محاسبا الآن وله أبناء؟

مرت الأزمة قاسية عليها، ولكن المرونة النفسية والأهداف والرؤية الواضحة، وقبل هذا قوة الإيمان بالله قد جعلت صديقتي تقف من جديد وتواصل الرحلة حتى أصبحت أروع جدة تراها عيني.

لمـاذا الانهيار والإصابـة بـالأزمة في هـذه المـرحلـة؟

"تتفاعل العوامل البيولوجية والنفسية والاجتماعية البيئية في تجسيد أزمة منتصف العمر لدى المرأة في تركيبة فريدة، ويؤدي هذا التفاعل إلى تعقيد للأزمة فيصبح وقعها أشد وطأة أقسى ألما، وأصعب تحملا، لذلك فمعاناة المرأة في أزمة منتصف العمر تحتاج وعيا وفهما كبيرين حتى يمكنها أن تستبصر بجوانب هذه الازمة".[1]

منتصف العمر والتغيرات الفسيولوجية:

الهرمونات بالجسم يحدث لها انخفاض، وأيضا انخفاض نسبة الكالسيوم، ولذا تصبح أكثر عرضة للإصابة بهشاشة العظام، ويتزامن من سن الأربعين اضطرابات في الهرمونات الأنثوية، فتصبح أكثر عرضة لحدوث بعض التغيرات بالدورة الشهرية كاختلاف موعدها وهذه الهرمونات لها علاقة قوية بالحالة المزاجية للمرأة، حيث أن انخفاض مستوى هرمونات الأنوثة يجعل المرأة تميل للحزن والرغبة في البكاء، وتكون أكثر حساسية لدى المواقف العادية، سريعة الغضب والانفعال، ومع انقطاع الحيض تزداد الأعراض يصاحبها قلق في النوم، زيادة في الوزن، الألم الجسدي المفاجئ وغير المتوقع أو غير المبرر، علامة أن الجسد والعقل يشعرون بالتوتر مرحلة جديدة.

"إن ما يتراوح بين 50-41% من السيدات يصبن باضطراب النوم بسبب قلة الأستروجين وقلة التبويض، مشيرة إلى أن هرمون الأستروجين يعتبر مسئولاً على تحسين نوعية النوم، كما أن ارتفاع هرمون "LH" الذي تفرزه الغدة النخامية مسؤول عن ارتفاع درجة حرارة الجسم، ما يؤثر سلباً في عملية النوم من خلال ارتفاع نوبات انقطاع التنفس في الليل بسبب

---

1 (الدكتور أحمد خيري حافظ

انخفاض مستوى هرمون البروجسترون المسؤول عن تنظيم التنفس، ويقل بعد انقطاع الطمث الهبات السخن"[1].

فيما يتعلق بالهبّات الساخنة التي تعانيها النساء بعد انقطاع الطمث (سن اليأس) في العادة، قالت الدكتورة نضال العطية إن هذه الهبّات أو التوهجات الساخنة تعد من الأعراض التي تصيب نحو 65 - 75% من النساء حتى قبل انقطاع الطمث، وتتمثل أعراضها في احمرار الوجه والصدر، والشعور بالسخونة والتعرق وتسارع دقات القلب، وإحساس بالتنمل بالجلد، ما يؤدي إلى الأرق وعدم الارتياح.

اعلمي أيتها الأميرة، أن المرأة تستطيع تجاوز هذه المرحلة وتخطيها بزيارة الطبيب وممارسة الرياضة واستثمار وقت الفراغ.

منتصف العمر والظروف الاجتماعية:

إذا نظرنا إلى الحالة الاجتماعية للمرأة في مرحلة الأربعين نجد الغالبية بين (عزباء لم تتزوج بعد – أرملة – مطلقه – ثكلى) منتصف العمر والحالة الاجتماعية للمرأة، فلا شك أن مرحلة منتصف العمر تختلف حدتها على حسب اختلاف الظروف الاجتماعية للمرأة، وعلي حسب الوسط والبيئة التي تعيش فيها، وعلى حسب تفهم الأسرة والمحيطين بها منتصف العمر كما أوضح علماء النفس مرحلة عمرية تتأثر بكل ما يحيط بها كمثيلاتها من المراحل العمرية، غير أن عامل الزمن والعمر وإدراك قيمته يجعل واقع الأمر أشد وطئا على النفس.

تقول الدكتورة بدرية الكندي الاختصاصية النفسية لدى جناح العلوم السلوكية ومديرة العيادات الخارجية، ومديرة قسم الجودة في مدينة الشيخ خليفة الطبية

1[الدكتورة نضال العطية: استشارية الجراحة النسائية والتوليد في مستشفى النور في أبو ظبي

22

1- المرأه المطلقة: تعاني آثار الطلاق النفسية من نظرة المجتمع على أنها فاشلة، وشكوكه في سلوكها وحرمانها من إشباع حاجاتها العاطفية والأسرية، ثم مسئولية العناية بالأبناء، أو تعاني الحرمان منهم.

2- الأرملة: المعاناة ذاتها تنطبق عليها، حيث ينسى الجميع احتياجاتها ويعتقدون أنها قد ماتت، أو على الأقل ماتت مشاعرها ويصبح من العار عليها أن تفكر في نفسها واحتياجاتها.

3- الثكلى: كثيراً ما تقع فريسة للاكتئاب أو القلق أو كليهما من دون أن يدري بها أحد.

4- الزوجات اللواتي يضطر كثير من أزواجهن للاغتراب والعمل خارج البلاد، تحت وطأة الظروف الاقتصادية الخانقة، ويقاسين صعوبة تربية الأبناء والسيطرة عليهم، ولهذا تجد زوجة المسافر نفسها تفقد أنوثتها شيئاً فشيئاً، وتكبت احتياجاتها العاطفية، رحلة من الأزمات تحتاج فيها النساء إلى دعم ورعاية صحية ونفسية لتواصل الرحلة لتصل بأسرتها إلى بر الأمان. منتصف العمر أي منتصف الرحلة، فما زالت رحلة العطاء لم تنته، وأي انهيار للعمود الفقري للأسرة معناه انهيار للأسرة بأكملها.

أتعلمين سيدتي متى ظهر مصطلح أزمة منتصف العمر؟ منذ أكثر من ستة عقود انتبه العالم الغربي لهذا الأمر، وأبدى اهتماما كبيرا حول هذا الموضوع، وتوالت الدراسات، ظهر هذا المصطلح أول مره عام 1965، عندما نشر جاك ليوت نتيجة دراسته هذه في ورقة بعنوان "الموت وأزمة منتصف العمر"، في المجلة الدولية لعلم النفس. وكان ذلك أول ظهور لمصطلح جديد دخل في العلوم الشعبية والطب النفسي وهو "أزمة منتصف العمر".

وفي عام 2008م، أجرى خبيران في الاقتصاد، هما ديفيد بلانشفلور وأندرو أوزوالد دراسة قدَّما فيها أدلة تؤكد أن "الرفاه النفسي" للفرد يتبع منحنى

على شكل الحرف (U) خلالها الحياة، الأمر الذي يعني أنه ما بين مرحلة البلوغ ومرحلة الشيخوخة يكون مستوى سعادة الفرد في أدنى مستوى له في سن السادسة والأربعين، ولذا اهتم الغرب بالقيام بدراسات علمية كثيرة حول هذه المرحلة منها.

استخدم بلانشفلور وأوزوالد بيانات مستمدة من دراسة استقصائية شملت 72 بلداً في جميع أنحاء العالم المتقدم والنامي، واعتمدت الدراسة على طرح أسئلة على المشاركين فيها مثل: "هل تعتقد أنك سعيد جداً، أم سعيد، أم لست سعيداً بتاتاً؟".

وقد أخذا في الاعتبار اختلاف الدخل، والحالة الاجتماعية، ونوعية العمل، ومتغيرات جماعية أخرى مثل ما إذا كان الأشخاص قد ولدوا في أوقات رخاء أم أوقات صعبة، وخلصا إلى استنتاج مفاده بالفعل أن هناك "أزمة نفسية"، تميل إلى بلوغ حدِها الأقصى في منتصف العمر.

هل سيدتي الجميلة تعيش هذه الازمة، أو جزء منها؟

سيدتي، سوف أطرح عليك بعض الأسئلة، سوف نتناقش في إجابتها معا، ولكن اصدقيني، ولتكن إجابتك بعيدة عن العواطف والمشاعر، تحدثي في لحظة صدق، ولتتذكري أن هناك بعض الأسئلة مفادها أن أحيانا وهنا لا يسأل عن ديمومة الحال، بل قد ينتاب المرأة شعور مؤقت.

ستكون الإجابة (نعم   إلى حد ما   لا)

١.أرى أنني لم أعش حياتي، ومضى قطار العمر.   (   )   (   )
٢. أحيانا أرى أسرتي عبئا كبيرا يرهقني.   (   )   (   )
٣.أحيانا أرى أن مشاكلي ليس لها حل.   (   )   (   )
٤.أحيانًا أشعر أنني مشوشة التفكير ويسهل استفزازي وانفعالي   (   )   (   )
٥.رغم صلاتي ودعائي، أحيانا يصاحبني رغبة في البكاء وأميل إلى الحزن والظروف من حولي تفقدني متعة الحياة.   (   )   (   )
٦.ينتابني إحساس بالضعف رغم أنني كنت دائما قوية، وكثيرا ما أفقد الرغبة في الحديث.   (   )   (   )

تأملي هذه الأسئلة، هل دارت في خلدك يوما؟ هل لمستِ داخلك شيئا؟ هل آلمك بعض الأسئلة؟ إذا تفاعلت مع نصف الأسئلة بالإيجاب فأنت تعانين، وإذا تخطيت أكثر من نصف الأسئلة أنت على مشارف أزمة فانتبهي، عندما عرضت هذا الاستبيان على بعض المقربين، والذين تربطهم بي علاقات اجتماعية، وصداقة كانت الإجابات لبعضهم سريعة، ولم يحاولوا حتى التفكير ولو برهة من الزمن، وطبعا كانت الإجابة تدل على مستوى معاناة عالية، والبعض الآخر كانت الإجابات متحرجة وكأنها تخشى البوح بما أحيانا يجول بخاطرها.

أزمـة منتصف العمـر ومـاذا يحدث:

لنتحدث بهدوء، تسير الحياة بكل ما فيها من حلو ومر، أحيانا المشكلات نطرحها خلف ظهورنا، وأحيانا نفتقد آلية التعامل معها، نجتهد بقدراتنا على اختلاف الثقافة والمعرفة، ننتقل من مرحلة لمرحلة، ندفع الحياة دفعا، تلك التي تفقد الزوج تصارع من أجل الأبناء، ومن هجرها زوجها تصارع للحفاظ عليهم، ومن انتهت حياتها بالطلاق تجاهد حتى لا تتهم بالفشل.

كل واحدة تحمل المسئولية دون أي مقومات يستندون إليها غير مجهوداتهم الشخصية واجتهاداتهم بقدر الوعي الذي اكتسبوه من الحياه أو النشأة الاجتماعية، يتزامن منتصف العمر مع مراحل عمرية للأولاد يظن البعض قبل الوصول إليها أنها مرحلة أسهل من مراحل الرضاعة والحفاضات والسهر ليلا مع الطفل، المفاجأة أنها مرحلة لها من الجهد والرعاية ما يفوق مرحلة الصغر في الصغر، نحتاج مجهود بدني من الدرجة الأولى في مقتبل الشباب، الأم تحتاج مجهودا بدنيا وفكريا حتي تستطيع أن تتعامل وتتحاور وتتناقش، ثم يتزامن تغيرات فسيولوجية حيث اقتراب انقطاع الطمس كما أوضحنا من قبل، وأعراض جسدية كضعف وغيره من هذا القبيل، صراع مع الحياة يأتي موقف من مواقف كثيرة مرت عليها، واعتقدنا أنها اجتازتها، ولكن الآثار ما زالت دفينة الأعماق، وأمام هذا الموقف الجديد تنهار قوى الأم، إما بالمرض أو أزمة تعلن فيها أنها اكتفت ولم تعد لديها القدرة على التحمل.

منهن من يصرحن بوضوح، ومنهن من تقع فريسة للمرض النفسي، ومنهن من تفقد القدرة على التوازن تستمر في مواصلة الرحلة، ولكن بحالة نفسية مضطربة، تصرخ وتنفعل لأتفه الأسباب وكأنها تعاقب الجميع على معاناة وضغوط لا تريد البوح بها وهكذا حتى تتفاقم الأزمة.

26

بـــــوادر الأزمـــــة
صرخة من الأعماق

نعم أشعر بالوحدة أشعر بالغربة بين أهلي وأسرتي لماذا لا يسألونني عن نفسي، عن احتياجاتي لماذا لا يفكر أحدهم أنني أحتاج إلي نزهه أو تغيير جو، لماذا لم يلاحظ أحد أنني أصبحت قليلة الكلام فقط ينتبهون عندما أنفعل ينتابهم الضيق، وينظرون إليَ على أني أفتعل المشكلات، أصبحت أتمنى الكلمة الحلوة من أبنائي، بل وأنتظر قبلاتهم لي وثنائهم على ما أقدمه لهم فقط لأشعر بالرضى عن نفسي وعن دوري معهم، لا أسمع منهم إلا ما هم في حاجة إليه، ما ينقصهم ما يجب أن أقوم به، لم يسألني أحدهم هل أنت سعيدة لماذا أفقد الرغبة في الحديث عن المستقبل، مشكلات الأولاد حول الدراسة والخروج والبيت لا تنتهي، لو يستضيفني أحد في مكان بعيد يطل على مساحة خضراء وجداول مائية، لو أستطيع أن أوقف هذا التدفق من الأفكار والذكريات والأحداث التي لا تهدأ في رأسي لبضع ساعات أفقد الذاكرة لبعض الوقت، لماذا أشعر أنني لست بخير؟

أريد أن أبكي بصوت عالٍ، ولكن لا أريد ان يسمعني أحد.

يأتي صوت من بعيد ماما أين أنتِ، أنا أريد التحدث إليك، أي أريد أن أقول أنا جائع بصوت متردد وصوت آخر، أين جواربي التي كانت في الغسيل؟ ويأتي صوت باكِ، لا أريد مدرس الفيزياء لا أفهم منه شيئا والامتحانات اقتربت.

وهنا يأتي صوت من عاد من رحلة حزينة احتفظ بخصوصيتها لنفسه حتى لا يفتضح أمره يحاول السيطرة على توازنه الانفعالي، فيأبى عقله إلا التنفيس بأي صورة حتى لا يصاب بجلطة فتخرج صرخة مدوية في البيت كله يتصدع لها جدران المنزل وكأنها تستعد لنزول حلبة المصارعة حتى لا أريد أن أسمع كلمة ماما، أنا أكره هذه الكلمة! اتركوني وحدي، اعتبروني غير

موجودة، اذهبوا إلى أبيكم الذي يضع يديه في ماء بارد، لا أحد يسأل عني منكم إلا لحاجة يريدها. لحظات ويدخل الأب من العمل في هذا التوقيت وهو يلتقط أنفاسه متعبا ينتظر ابتسامة تخفف عنه، أو كوبا من الماء البارد يروي عطشه، وإذا ببيت ملئ بالصراخ.

سيدتي الجميلة لنستكمل حديثنا، بل همساتنا فرجاء أن تصبري قليلا معي، تم إلقاء الضوء في المشهد السابق على حالة معظم الأمهات في مرحلة منتصف العمر، إذا كان هذا المشهد يتكرر كثيرا فنحن على وشك انفجار لعدة أزمات. صدقيني أنا لا أريد أن أثقل عليك فأنا أعلم أنك في هذا التوقيت محملة بالكثير، فحديثي معك هو حديثي مع نفسي وأنا هنا أحاول معك الوصول لبعض الحلول للخروج بسلام من هذه المرحلة، قد يكون اجتمع عليك صدمات متنوعة، فقدان الرفيق، أو هجران الشريك بالطلاق، أو الهروب من المسئولية بأي حيلة، أو فقدان السند من الأهل.

آلام وأحزان في القلب يعلمها الله عزو جل، ولكن هذا لن يعفينا عن مسئولياتنا، لنعد إلى الوراء فلاش باك، والأم في هذه الحالة من حديثها من النفس ولحظة ضعف تتمني أن يدخل عليها زوجها قائلا أشعر بالقلق عليك ماذا بك عزيزتي، أو تنتظر دخول الأولاد يبحثون عنها لا لشيء إلا لاحتضانها وتقبيلها معبرين عن تقديرهم لمجهودها وتفانيها معهم حقا، لو حدث هذا لخفف عنها قدرا كبيرا من معانتها.

هذا حال الام لنعود للأولاد:

- ماما أين أنتِ، أنا أريد التحدث إليكِ، أي أريد أن أقول أنا جائع بصوت متردد.

قد يكون هذا المراهق أو الشاب يعاني من أمر ما، يريد وقتا كافيا حتى يستطيع البوح بما عنده، يفتعل أي حوار أي كلام حتى يتشجع لإخراج

مكنوناته التي تحيره، أو يعاني ويحتاج النصيحة أو كارثة حدثت ويريد أن يتفهمه أحد، فمن غير أمه سوف يتفهمه.

يريد الشاب من يدفع به ليخرج ما عنده، حياءه وخوفه من المواجهة يجعله أكثر تردد فينادي أمي اريد هذا ما رأيك في هذا ونصرخ أحيانا أننا مشغولين وقد يكون يعاني.

لا تتهاوني في معاناة المراهقين، ولا تستخفوا بها للفتى والفتاه قد تتحول إلى صدمات يترتب عليها مالا تتخيلي.

- صوت باكٍ: لا أريد مدرس الفيزياء، لا أفهم منه شيئا والامتحانات اقتربت.

هذه الفتاة التي تبكي عدم الفهم من مدرس الفيزياء، قد تكون تخفي عجزها هي في الاستيعاب والقدرة على التحصيل أفقدتها الثقة في نفسها لوجودها وسط مجموعة أعلى مستوى، أو هناك مشكلة مع شخصية المدرس.

هي تريد مساندة، قد لا يتفهمها أحد وتأمل في تفهم الأم لمعاناتها.

من يسأل عن جواربه أو ملبسه أو تأنقه هو يحافظ على مظهره الذي يمثل له شخصيته ووضعه هذا ما يصنع في فكره أهمية الجورب.

عزيزتي، ما نستخف به من اهتمامات لدى الأبناء، قد يكون عندهم عظيم جدا يؤثر تأثيرا خطيرا على أداءاتهم الحياتية وحالتهم المزاجية، فمع التغيرات الهرمونية والتغيرات التي تحدث في أجساد الأبناء في مراحل النمو والمراهقة يكونون غير قادرين على التعامل مع مواقف كثيرة بشكل مناسب يكون المراهق في حاجة لمن يرعاه ويمنحه الشعور بالانتماء والثقة بالنفس، وأحيانا يكونون عاجزون عن التعبير لذلك، هم لا يدركون احتياجاتهم! هم كبار، ولكن مازالوا صغار في تعاطيهم مع المواقف، لكن للأسف نواجههم بصرخاتنا دائما للتنفيس عما بنا من ضغوط في أمور لا ذنب لهم فيها أحياناً.

تعبيراتنا الفظة والجارحة مع الاولاد =علاقة مهدده معهم وثقة مهزوزة بيننا وبينهم.

استحضار أحلام الصبا

إن التصورات والأحلام التي رسمناها في الصبا والتخيلات لمستقبل ننعم به متأثرة بالحياة التي عشناها على مختلف ثقافتنا التي نشأنا عليها يتم استدعاؤها بقوة في منتصف العمر، ويقوم العقل بالتقييم من خلال البيانات والمعلومات المتوفرة لديه من مخزون ثقافي وخبرات حياتية، والنتيجة النهائية لهذا التقييم تتم بعد معالجة المخ لكل موقف مر في الماضي لم يتم استيعابه وفهمه وقتها، وتأتي النتيجة العقلانية الناضجة لتستقبلها مشاعر جياشة حيث أرض الواقع.

النتيجة لا تمثل خمس أحلام وطموحات الصبا، وتتردد الأسئلة لماذا لم أفعل؟ لماذا فعلت؟ لماذا ولماذا؟

وتنهار قوى المرأة وصوت من الداخل، أنا أريد أن أستكمل حياتي بصورة أفضل.

وهنا يرى عالم النفس هارجرف: أن ما يحدث في منتصف العمر من مرحلة تقييم الذات وتبصرة لعيوبه وتقييم الماضي، وترتيب أولوياته، والاعتراف بنهاية الحياة.

يقول "هارجرف" أن التقييم الذاتي قد يكون مؤلما، ولكن يبصر الإنسان بتطوير نفسه وتقييم الماضي هو إعادة لترتيب الأولويات والاعتراف بالنهاية إدراك لقيمة الوقت.

يقول البروفيسور "نِك هيسلام" من جامعة ملبورن

"أن منتصف العمر هو وقت النمو الذي يتطلب عملية ضبط."

سيدتي الجميلة، هذا التحول قد يكون إيجابي ونعمة حيث تعديل المسار

للأفضل، وقد يكون للأسوأ.

إن هذا التقييم وترتيب الأولويات يجب ألا يُبنى على مخزون ثقافتك وفكرك وأحلامك التي قد تكون طموحات وأحلام غير واقعية تفتقد الخبرة الحقيقية وتفتقد فهم الحياة بشكل صحيح، أنت في حاجة لمساندة حقيقية من أهل الخبرة وأهل الثقة، وإياكِ أن تدفعي بنفسك لمن يملي عليكِ بخبراته الشخصية، ليكن النضج الذي تعيشينه أداة لضبط التخبط في قرارتك حتى لا تهدمي حياتك فتندمي بعد فوات الأوان.

لا أنــــتَ أنـــــتِ ولا الــزمـــان هـــو الزمـــان

كلمات من شعر فاروق جويدة أول مرة سمعتها في مرحلة الثانوية كانت الفتيات يرددن شعر فاروق جويدة كثيرا، حضرتني وأنا أتذكر قصة صديقتي. كانت سيدة على قدرٍ عالٍ من الجمال، من أسرة لها وضعها الاجتماعي، والدها أستاذ جامعي، تمت خطبتها لشاب كانت متعلقة به جدا، وحدث خلاف بينه وبين الوالد فأنهى الخطبة دون الرجوع للابنة، وكرامة الشاب أن يحاول التواصل والوالد كان شديدا جدا، ثم تقدم لها معيد في الجامعة مع والدها وأجبرها الوالد على الزواج منه بالرغم أن الشاب ينتمي لبيئة اجتماعية أقل بكثير من بيئتها، ولكن النظر لمعيد الجامعة ومستقبله كان الكفة الرابحة، لم تحبه، تزوجته وأنجبت منه واستسلمت للواقع، عانت من الفروق الاجتماعية كانت أسرة الزوج تتعمد التقليل منها وهو يتعالى عليها بالرغم من حبه لها، استمرت الحياة مشاكل كثيرة حتى مات والدها، وأصبحت على مشارف الأربعين، وعلمت أنها انفصلت عنه بعد أن نالت ورثها من والدها، لديها ثلاث فتيات في سن المراهقة، الأغرب أن خطيبها السابق انفصل عن زوجته وحدث تواصل بينها وبين خطيبها السابق وتزوجته بشروطه، هو أن تسكن في بيت العائلة في الريف، وبالفعل في البداية تلقت الخبر برضى أملاً أن تسعد في حياتها التي هدمها والدها منذ البداية.

كانت بين بناتها وبيت الزوج الجديد والذي طلب منها ترك العمل رفضت لأن العمل يسمح لها برؤية بناتها يوميا، ومع مرور عام طلقها ولن أتحدث عن التأثير النفسي السلبي الذي أصاب بناتها وأصابها.

عندما نستدعي أحلام الماضي ونحاول استعادتها يجب ألا ننسى عامل الزمن والعمر خاصة في العلاقات الشخصية، لا أقول عدم المحاولة، ولكن يجب أن يكون القرار متزنا، وهنا لا تنتظري نفس النتائج التي كنت تحلمين

بها في الصبا. عامل الزمن مهم وأنتِ تعيدين ترتيب أولوياتك، فليكن في تصورك: (لا أنـتِ أنـتِ ولا الـزمان هـو الـزمـان)

لا تقيدي نفسك باختيار قبل أوانه:

(ع , ع) في الخامسة والثلاثين، أرملة منذ عشر سنوات، ترفض الزواج من أجل أولادها وتعلن هذا بكل صراحة، فلديها ولدان وهي شخصية متزنة خلوقة، رأيتها آخر مرة في إحدى الاحتفالات الصغيرة، والتي كانت مقتصرة على النساء وكان يتم تكريمها من قبل صديقاتها كأم مثالية، وأيضاً تفوق أحد أولادها في الثانوية العامة وكلمات الشكر والتقدير حول دورها ورفضها الزواج كان مبالغ فيه من تقدير لها كأرملة، ولا أعني أنها لا تستحق بل لها كل التقدير وتستحق لكن هناك إحدى السيدات التي فقدت زوجها في شبابها واختارت أن تتزوج، وكان الحديث لا يروق لي حتى لا نسبب إحراجا لأحد، ولكن سيدتي الحفلة نسائية، وما أدراك عندما تتطرق النساء لمثل هذه الأمور ومرت عدة سنوات، وتجاوزت صديقتنا التي تم تكريمها منتصف العمر وبدأت تعاني آلام الوحدة، وإذا بصديقة تحدثني برغبة صديقتنا الأرملة في الارتباط وأنها تسعى لتوفيق زوج يناسبها.

وبالفعل تقدم رجل متزوج ويريد زوجة ثانية، وصديقتنا عندما تعرفت عليه وافقت وأبدت رضاها عن الشخص وتركنا لها المجال ليتأكد كل واحد من قناعاته بالآخر، وعلى غير العادة زوج صديقتنا الوسيط لزواج الأرملة طلب محادثتي لأمر هام خاص بالأرملة لأنه يعلم أنني على معرفة جيده بها، وبالفعل تحدثت معه فأخبرني أن العريس موافق، ولكن يريد التأكد مني على شيء هل هي إنسانة على خلق؟

ثم برر سؤاله أن حوارها معه يحدث فيه نوع من التجاوز مما جعله يشك فيها، صدمني جدا! فأنا لا أعلم عنها إلا كل خير وأخبرت الوسيط بذلك،

ولكن شغلني أمرها وأدركت أنها تشعر بالرضا نحو هذا العريس، ترى أنه فرصة وتعلم أن فرصتها محدودة، وظنت أنها بتنازلها قد تستطيع أن تجذبه نحوها، ولا تعلم أنها أساءت لنفسها دون أن تدري، الحمد لله تم تدارك الأمر وتمت الزيجة.

الزواج حقك سيدتي، أرملة كنتِ أو مطلقة مهما كان عمرك هذا قرارك أنتِ فلا تقعي فريسة للشعارات التي تتبناها مجتمعاتنا وتقضي عمرا طويلا تعاني من وحدة وحرمان عاطفي إرضاء للمحيطين بك من أقارب وأهل حتى يأتي اليوم لتسعي أنتِ بنفسك للبحث عن رفيق، وهذا أيضا لا يعيبك هو حقك أيضا ولكن بعد أن تكون الوحدة والحرمان العاطفي اعتصر فؤادك تأتي القرارات والاختيارات بعيدة عن توقعات من حولك، من تحملتِ من أجل ألا ينالوا منك، لن يرحموا وحدتك والوحشة التي تعيشينها، ولن يرحموكِ يوم تعيدي اختياراتك، فليكن من البداية طريقك واختياراتك لك وحدك، وحقك متاح لك أنت إما أن تتركيه أو تأخذيه، متاح لك لا تقيديه باختيار محدد حتى يأتي وقته.

أزمة منتصف العمر ليست مرض، ولكن قد تصبح مرضا

الأزمة ليست وليدة اللحظة، ولكن ردة الفعل لحدث ما يعتقد الشخص نفسه أو المحيطين أن هذا الحدث بعينه هو السبب، تبدأ الازمة بعملية إدراك موقف يصعب تحمله ويشعر بالعجز عن مواجهته فقد استنفذ أساليب المواجهة هنا.

العامل الأساسي لانفجار الأزمة وخروجها للسطح هو الإدراك والتصور من قبل الشخص ومدى استيعابه بالإضافة إلى تراكم أحداث دفينه تحمل في طياتها التصور والتحليل من خلال رؤية الفرد وحجم الأزمة وتأثيرها، طبعا يعتمد على المخزون الثقافي والمعلوماتي للشخص، فتصبح الحالة التي يعيشها الفرد نقطة تحول مصيرية للأسوأ أو للأفضل، وهذا يتوقف على نجاح الفرد في مواجهة الأزمة أو فشله، وهنا الحاجة إلى الدعم ضرورية دعم أهل الثقة لتقديم العون قبل أن تتفاقم الأزمة وتصبح مرضا.

منـتـصـف الـعـمـر محـنـة أم مـنـحـة؟
نظرة فلسفية تأملية

إن إدراك الإنسان لمعنى الحياة والوجود والغاية والأهداف التي خلق من أجلها، والرسالة والدور الذي يمثله على هذه الأرض تيسر عليه فهم مجريات الأحداث واستيعابها والتكيف مع المتغيرات التي تعتريه خلال رحلته العمرية، إن حياة هذا المخلوق الأرضي النشأة والتكوين السماوي الروح والوجدان، والذي لا يصلح حالة إلا بسعيه الحسيس على الأرض التي نشأ منها ونُصِب خليفة عليها يتوارثها هو وأبناؤه، لن يصلح حاله إلا بتحليق روحه ووجدانه إلى الملأ الأعلى، ينشد ويتمنى ويستجير برب الكون، هذا الاتصال والتواصل الدائم هو سبيل الخلاص من أزمات وشدائد قد يعجز العقل في لحظات الضعف الإنساني من تقبلها والتسليم بها حيث لا يأتي هذا العجز واليأس إلا في فترات انقطاع التواصل ثم انقطاع الاتصال فيصبح الإنسان كائنا أرضيا فقط مثل الصخرة الصماء.

إن التواصل الأرضي السماوي هو من يحقق لك السمو، هو من يبعث الحياة الحقيقية في قلوب التائهين الحيارى الذين أيقنوا أن لا مفر إلا من الفرار إلى من بيده الأمر من قبل ومن بعد، الذين أدركوا أن السند الوحيد هو الله سبحانه وتعالى. فلنتفق أولا على أن تكون قنوات التواصل بيننا وبين الله في حالتها الجيدة ولا نتركها للتلف، فهي تتعرض لعملية صيانة صباحا ومساء من خلال الذكر والدعاء.

مواجهة الازمة بوعي يساهم في إخمادها وتخطيها:

تجاوزت الأربعين من عمري، ووجدتني أرفض أموراً كثيرة وظروفا تعايشت معها فترة من الزمن، أصبحت الآن لا أريد هذه الحياة، تحملت الكثير ولم يعد لدي القدرة على الاستمرار.

وتواصل السيدة (ت.ل) حديثها؛ في الأربعين من العمر وإن كانت تبدو أصغر، هي على قدر معقول من الجمال، لبقة جريئة تعرض مشكلتها بقوة لم أعهدها في النساء اللاتي يترددن على العيادة، اشتكت أموراً خاصة بزوجها الذي يقضي يومه في عمله الحر، ثم يأتي المنزل يستكمل إدارة أعماله من خلال التليفون، تواصل حديثها لو كنت خادمة لاهتم بي، أولادي أنا من أهتم بهم وأصبحوا في مراحل الثانوية ولدي طفل خمس سنوات تعالى صوتها وهي تقول أريد الانفصال، أشعر بالوحدة، لا أريد التحدث مع أحد.

عندما لجأت لأحد المتخصصين لأتحدث معه وأصبحت أرتاح في الحديث خفت من نفسي وعلى نفسي، فجئت لطبيبة نفسية سيدة تساعدني، ثم هدأت وهدأ صوتها بعد حوار طويل من الفضفضة وكأنها أزاحت جبلا جاثما على صدرها، طلبت منها في الزيارة القادمة أن تأتي بورقة وقد كتبت ما الجديد بعد الأربعين الذي أدى لتفجير المشكلة، وانتهت الجلسة الأولى وأنا معجبة بهذه الشخصية التي وضعت يدها علي جرحها، وبدأت تبحث عن حل بوضوح، وعلمت أنها شخصية قوية وأنها تمر بأزمة منتصف العمر، وأيقنت أنها ستتجاوزها بسلام، فهي تعلم ما تريد وهكذا معظم النساء اللائي يتعرضن لهذه الازمة شخصيات على درجة عالية من الطموح والوعي هم بحاجة لمساندة واستبصار جيد لعواقب الأمور.

وبالفعل بدأت تلك السيدة تنفذ مشاريعا خاصة بها، وبدأت تشارك في أعمال خيرية مع بعض الجمعيات الخيرية المعروفة، وكنت أراها في كل مقابلة تزداد حيوية ونشاط وخاصة عندما أخبرتني انها تمارس الرياضة بصورة منتظمة.

حـــوار مـنـطـقـي عـقـلانـي

سيدتي... لا تظني نفسك مجبرة على الاستمرار في حياتك التي أصبحت أكثر صعوبة وغير محتملة، لأن بالذات إذا كنت زوجة تفقد الأمان مع زوجها لماذا لا تنفصلي عن زوجك؟ أنت غير مجبرة للحياة معه إذا كان السبب المجتمع والماديات والظروف فلتناظري بين الأمرين والأضمن لحياة ترضيك، لا تبكِ على اللبن المسكوب، دبري أمرك وادرسي الأمر بعقلانية حتى لا تظلمي نفسك وأيضا لا تفقدي أولادك، خذي خطواتك وقرارك ووفري على نفسك عناء المعاناة وعلي أولادك وزوجك واختصري الوقت إذا توصلت إلى أن يستمر وضعك كما هو، فأدخلي بعض التغيرات على حياتك وعلى علاقتك بزوجك، وضعي قرارات لنفسك ما يستحيل تغييره، لن أتحدث فيه مع زوجي ولا أولادي ولا أحد نعم قولي لنفسك سوف أتكيف مع الوضع واجعلي لنفسك منفذا، اشغلي نفسك بهواية بعمل بدارسة بنجاح يجب السعي إليه، استهدفي أولادك بشكل جديد، كوني نموذجا يفخروا به ويعتزوا به.

أما إذا كنت قد أخدت قرارات مصيرية فلتكوني قوية، واعلمي أن اخطاءك وخطواتك إن لم تكن مدروسة هو تاريخ تسطريه بيديك لأولادك وأحفادك كوني على حذر، هذا حقك أعطاك الله إياه واعلمي سيدتي أن حياتنا مجموعة من قرارات نحن المسئولون عنها، وما نتعرض له من عثرات في حياتنا مقدر لنا، نعم ولكنه نتيجة اختياراتنا فلا ترمِ اللوم على أحد، وحافظي على التواصل والعروج الدائم إلى الله فهو خير معين "أمن يجيب المضطر إذا دعاه"[1].

---

1 سورة النمل (62

لـنـبـدأ مـن جـديـد:

ابحثي عن نفسك عن ذاتك، وطوري من أدائك وهواياتك ليكن لك وقت ترتقي فيه بنفسك وفكرك ومهارتك، السنوات التي مضت قد تكون كثيرة ولكن قيمة السنوات الباقية نستطيع أن نبني فيها نسخة أجمل ما تكون من أنفسنا.

بدأت الكاتبة إيد الوشان الكتابة في الأربعين، وهذا الكتاب أزمة منتصف العمر الرائعة في الثامنة والأربعين.

تقول لوشان في كتابها الذي انتشر حول العالم بعدة لغات:

"إن منتصف العمر هو فرصة لاستكمال مسيرة أزمة الهوية التي بدأت في المراهقة، إنها فرصتنا الثانية لندرك المعنى الحقيقي لكي تكون ما تريد، لكي تعزف لحنك الخاص، لكي تصبح ذاتك بكل العمق والصدق، إنها الفرصة لكي تعرف أخيرا الحقائق الخاصة بك وبناء عليه تملك الحرية لتكشف هويتك الحقيقية مهما كان عدد ما يعتمدون علينا، ومهما كان عدد الأخطاء التي اقترفناها، يمكننا الآن أن ننظر نظره جديدة"[1]

معنى جديد للحياة وأهداف سأخطط لإنجازها:

سأبدأ دراسة مشروع حياتي الخاص لن أنظر للوراء، ما مضى سأتعلم منه، لم أكن أعلم أنني سأعيش للأربعين، غيري رحلوا قبل ذلك بكثير، سأخطط لمستقبل طويل وكلي أمل وتفاؤل، وسأستعد للقاء ربي في كل ليلة ومع كل يوم جديد، سأعلم أنها فرصة جديدة لتحقيق أهدافي، سأتعلم كل يوم شيئا جديدا، سأتذوق متعة التعلم والمعرفة، سأبني فكري وسأعيد منظومة حياتي، لن أكون عضوا عاديا في أسرتي ولا مجتمعي، سأكون مؤثره وفعالة.

---

1 (أزمة منتصف العمر ايدا لوشان

اللاءات الـــــــبـــــع
لا لـلانـهـزامـيـة:

الشخصية الانهزامية شخصية تعاني من ضعف العزيمة، ليس لديها القدرة على التخطيط وليس لها طموح، قد يمتلك الشخص الانهزامي مهارات، ولكن يشعر بالفشل ويشعر بعدم القدرة على الإنجاز، إذا اختلف معه أحد يكتئب ولا يشعر بالثقة في نفسه.

الفشل في بعض محطات الحياة لا يعني انتهاء الحياة واستنفاذ الفرص المتاحة، بل يعني أنك تحاولين وخبراتك مازالت في حاجة لأن تثقليها، ولن تجدي فرصة جيدة تتعلمي وتكتسبي خبرات إلا بالعثرات وبعض المعيقات، فلتحاولي من جديد، ولتكتبي في مذكرتك خطوات تقولين وجدتها لا تصلح لتحقيق أهدافي ولا تقولي فشلت فيها بل حاولت ووجدتها خطوات غير مجدية، أنا أخطأت تعني أنا حاولت، لا تقولي لا يوجد أمل للتغيير ولا للإصلاح، خلقنا الله وأمرنا بالسعي والعمل، ديناميكية الحياة يجب أن تستمر حتى إذا أيقنت بقيام الساعة وقرب انتهاء الحياة، استكملي ما بيدك من عمل إذا قامت الساعة وفي يد أحدكم فسيلة فليغرسها، (إذا قامت الساعةُ وفي يد أحدكم فسيلة فليغرسها)[1] فلا يقتصر همك في الحياة على مجرد حاجاتك، ولكن اعملي لك ولمن بعدك.

المحنة يُشبهها الأديب الرافعي بالبيضة، تُحسب سجناً لما فيها وهي تحوطه وتربيه وتعينه على تمامه، وليس عليه إلا الصبر إلى مدة، والرضا إلى غاية، ثم تنقف البيضة فيخرج خلق آخر.

وما المؤمن في دنياه إلا كالفرخ في بيضته، عمله أن يتكون فيها، وتمامه أن ينبثق شخصه الكامل فيخرج إلى عالمه الكامل.

____

1) حديث شريف رواه الإمام أحمد وغيره عن أنس رضي الله عنه

لا تيــــــأس:

اليأس هو إحساس ينبع من باطن الإنسان، يسيطر على العقل والنفس في آن واحد حيث عدم الشعور بالراحة والشعور بالضجر والإحباط وانقطاع الأمل والإحساس بعدم القدرة على تغيير الوضع السيء، اليأس هو عملية انتحارية وموت بطيء، موت على ظلمة تملأ القلب، فلتعلمي سيدتي أن القادم بيد الله لا بيد أحد من المخلوقات، وما عند الله من خير هو لعبادة المخلصين، فننتظر القادم بمثابرة وجد وحسن ظن بالله.

ابيضت عين يعقوب من الحزن لم يعبها الله عليه بأي إشارة، ولم يتهمه القرآن أنه لم يستسلم لأمر الله، فلتعلمي لماذا سيدنا يعقوب الأب ابيضت عيناه حزنا؟ أما القلب كان ملئ بالأمل لآخر وقت عاد يوسف لأبيه وهو عزيز لمصر، "عسى الله أن يأتيني بهم جميعاً"[1].

سيدتي كلما تملك منك شعور اليأس، اخبري نفسك أن الأمل بالله هو سبيل النجاة، ضعي أملك في الله وستجدي حياتك ذات قيمة، تفاءلي بكل ما هو قادم، ضعي أملك في الله وستجدين حياتك ذات قيمة، يصنع التفاؤل المعجزات حيث يستطيع الشخص المتفائل تحقيق أهدافه بكل سهولة، فالشخص المتفائل يستطيع تحقيق أهدافه بشكل أسهل وأسرع من الشخص المتشائم. دوني الأفكار الإيجابية بمعنى آخر، عدد النعم التي أعانك الله على القيام بها وفضلك عن غيرك بها، حيث يساعد هذا التفكير على تحسين الصحة النفسية ويخفف من الضغوط الحياتية قال الشاعر:

يـا صـاحبي مـا لي أراك مـقطباً مهمـومـا

وعـلى مـلامحـك البكـاء مـصوراً مـرسومـا

اصبر عـلى سـحب الحياة إذا تجمع غـيمها

فـالشمس لن تبق عـلى وجـه السـماء غـيـومـا

---

1 (يوسف: 83)

لا لــدور الـضـحـيـة:

دور الضحية لا يليق بالأقوياء، يميل فيها الشخص إلى الشعور بأنه ضحية الأفعال السلبية للآخرين، لا تجعلي في قاموس حياتك (أنا فاشله – قدري نصيبي هكذا – لا يمكن – مستحيل – لا أحد يشعر بي– صعب عليّ) وتذكري قول الله تعالى: " وَإِنْ يَمْسَسْكَ اللَّهُ بِضُرٍّ فَلَا كَاشِفَ لَهُ إِلَّا هُوَ وَإِنْ يُرِدْكَ بِخَيْرٍ فَلَا رَادَّ لِفَضْلِهِ يُصِيبُ بِهِ مَنْ يَشَاءُ مِنْ عِبَادِهِ وَهُوَ الْغَفُورُ الرَّحِيمُ " سيدتي الجميلة لا تعتقدين أنني أقسو عليك كما اتفقنا من قبل ليكن حديثنا حديث النفس للنفس لنكن على درجة عالية من الصراحة، الصراحة التي تدفع بنا لتطوير الآلية التي نفكر بها أن نعيد ترتيب منظومة فكرية اعتدناها وألفناها.

لا لدور الضحية، وكيف أعرف أنني أعيش دور الضحية؟

عندما أرفض أن أعترف بنتيجة اختياراتي وقراري التي عادت عليَ بنتائج سلبية أو غير مرضية لي، هنا يعمل العقل على إلقاء المسئولية على الأخرين ويعيد ترتيب الأحداث والمواقف بصورة تجعل مني الضحية والمغلوب على أمري، يقوم بتهويل المشكلة مهما كانت صغيرة، وهنا أشعر الكل شارك في أزمتي عندما يسيطر على اعتقادي أن المصائب في انتظاري أنا وأنا ليس لي نصيب في الخير، وإذا دق الخير على بابي يكتشف أنه أخطأ وكان يريد جاري أمثلة تتملك عقلية من يعيش دور الضحية وتتوغل في فكره، وهنا يحيا حياة المظلوم المضطهد ممن حوله، ويتعمد إفساد العلاقات الطيبة مع أي أحد حتى يثبت لنفسه أن الكل ضده، ولا استثناء لأحد.

يقول ستيف ما ربولي عقلية الضحية ستجعلك ترقص مع الشيطان ثم تشتكي أنك في الجحيم:

كثيرا ما نحب أن نشعر باهتمام الآخرين وتعاطفهم معنا خاصة في مرحلة منتصف العمر، قد يكون احتياجا نفسيا، حرمانا عاطفيا لبعض تعبيرات

الحب من المحيطين من أخ أو أخت أو ابن والأغرب أن يكون الاحتياج من زوج، قد بتعجب البعض، نعم الأنثى تحتاج نوعا من الحب والتقدير أحيانا من الزوج وهي تنام وتستيقظ معه في نفس الغرفة ونفس الفراش، ولكن تفتقد هذه المشاعر التي تعزز الثقة بالنفس وتشبع احتياجاتها النفسية.

إن الثقافات الموروثة من طبيعة نوع العلاقات بين الزوجين جعلتها في قالب محدود مرتبط بالثقافة التي نشأ عليها وتوارثها بما لا يجب أن تكون، إن بناء المفاهيم الصحيحة للعلاقات الخاصة داخل الأسرة يعد السياج الآمن الذي يحميها من المخاطر، وإذا حدث لا قدر الله فلن تنهار، وستعيد ترتيب أولوياتها وستستعيد توازنها لأن البنيان قوي والسياج متين دور الضحية الذي يثير تعاطف من حولنا، صدقيني لبعض الوقت يكون التعاطف وينعكس تأثرهم بحديثك على حالتك النفسية فيتعاظم الأمر لديك وكلما تعاطف أو أظهر أحدهما التعاطف تعاظم على نفسك أمرك.

أفيقي يا أنا، واخلعي عن نفسك دورا لا يليق بك، ولا تستجدي به حب أحد ولا اهتمام أحد فالعلاقات التي تبنى على التعاطف والشفقة تنهار سريعا لا تدوم، تعلمي لماذا؟ لأن الطرف الذي ارتبط بك لضعفك فقط لا يروقه أن يراك في مواقف قوية، وعندما يشعر بقوتك سوف يزهدك.

سيدتي المبدعة أنتِ، قوية أنا قوية سأفعلها، سأبدأ، سأحاول، سأخطو خطواتي من جديد، وسأكمل بناء سياج الأمن من حولي ولكن بتخطيط واعي ورؤيا محددة المعالم والأركان، فإن طال العمر سأصل إن شاء الله وإن انتهى الأجل قبل بلوغ حلمي، يكفيني شرف أنني لم أركن لضعف نفسي وحاولت.

لا لـــلـــقــــرارات غير المـــدروســـة

إن بعض القرارات التي نتخذها في حياتنا، هي اختيارات مصيرية تحدد طبيعة المستقبل وتبني عليه حياة آخرين، وبعضها قد لا يؤثر على المستوى البعيد لكن تكون له آثار بسيطة ومؤقتة، لذلك يجب أن نعلم جميعنا أهمية دراسة أي قرار يُتخذ، وضرورة التفكير فيه وبجوانبه وأبعاده ومراعاة أحوال المتأثرين بالقرار لكي نكون أبعد ما نكون عن التهور والسفاهة والطيش[1].

مرحلة منتصف العمر مرحلة يغلب على البعض فيها إعادة تقييم حياتي للماضي والحاضر وإعادة النظر في النظر للمستقبل وهذا يتطلب قرارات حاسمة، ولذا علينا أن نكون أكثر حذر من القرارات غير المدروسة ماذا يجب عليَّ فعله قبل اتخاذ القرار.

أولا: ضعي تصورا لنتيجة هذا القرار، النتائج الإيجابية وما يترتب عليها والسلبيات أو المعوقات وكيف سأتغلب عليها، وما هي حجم الخسائر، واحذري اتخاذ قرار وأنتِ يميل هواكِ وقلبكِ دون استحضار عقلكِ وكامل وعيكِ وإدراككِ للواقع الذي تعيشينه، نعم واقع لا تتغافلي عنه.

ثانيا: توقعي أن هناك من لا ترضية قرارتك وسينتقدك وسيركز على السلبيات واعلمي أن إرضاء الجميع غاية لن تبلغيها، فالإخفاق وارد، ولكن إذا اتخذتِ المسار الصحيح في قرارتك وترتيب أهدافك فأنتِ على صواب ولتكن وقفات، وقفات متأنية لتصحيح وتقييم وتقويم دون الندم وتحميل النفس والآخرين المسئولية، قد يكون القرار مصيري ويؤثر بالسلب أو الإيجاب على أقرب الناس إليكِ فشاركيهم وشاوريهم ولا تندفعي بقرار سيعود على المحيطين انفرادك سيجعل منهم معيقين لا داعمين.

---

1)https://www.alraimedia.com/article/574669/%D9%85%D9%82/

ثالثا: اسألي نفسك، هل سأستطيع تحمل النتيجة؟ هل لدي الشجاعة لأتحمل النتيجة؟ وليكن لك مع الله دعاء وتواصل دائم لا ينقطع بكل خطوة تفكري فيها ثم تدرسينها، ثم تقرري مستعينة بالله.

واعلمي أن الله لن يخذلك، ولن تكوني وحدك، ولن يخيب رجاؤك.

قال تعالى "وهو معكم أينما كنتم"(1)

---

1 (الحديد: 4

لا للفضفضة غير المشروطة

لا تعتادي على الفضفضة غير المشروطة، فهي نوع من التعري للناس. احذري سيدتي من الفضفضة لأي أحد، يجب أن تكون فضفضة ولكن في مكانها حتى لا تندمي، فالضغوط النفسية التي نعيشها تجعلنا نخرج كل ما في الصدور دون أي تحفظ، الكلمات تخرج بشيء من العفوية، وقد تكون هذه الفضفضة أمام أناس غير جديرين بالثقة ونحن لا ندرك ذلك أو شخص يستخدم هذه الفضفضة لصالحه في وقت لاحق، الخطأ هنا في اختيار الشخص المناسب، وهذا سيدفع بك للندم والحزن لا شك، سيؤدي لنشوء المزيد من الضغوط، حتى لوكان إمام مسجد أعني الفضفضة فقط، ولكن الحاجة إلى رأي حاسم في أمر مهم فهذا أمر آخر، والأفضل اللجوء لأهل العلم أما، فضفضة الزوجة أمور خاصة بها لصديق كما تعتقد فهذا ضرب من الخيال، وفي غير مكانه وسوف تؤذيك أكثر من أن تنفعك، إذا كان لابد فاختاري من هم أقرب اليك، الحريصون عليك فقط أصحاب العقول الراجحة، واعلمي سيدتي أن كل إنسان له ما يكفيه، فضفضي ولا تثقلي على أحد تمنيت لو أحد اهداني هذه النصيحة أحيانا نثقل على أناس أحببناهم كثيرا ولكن نثقل عليهم ظنا منا أنها فضفضة، ولكن حديثنا وتعاطفهم معنا قد يؤلمهم كثيرا. يوجد أناس يتألمون معنا وتؤثر آلامنا وأحزاننا عليهم، وهناك أصدقاء يستمعون ويبدون التعاطف، ويستمتعون بالحديث من أجل المتعة والفضول فقط، وهذا النوع لن يحتفظ بكلامك ولا بخصوصية حياتك وسرعان ما سيقومون بينهم وبين أنفسهم بتقييمك، بل واتهامك بعدم الرضى، وهناك من سيكون أمينا على حديثك، ولكن سيشعر أنك تحملينه همومك وهم في غنى عن هذا.

سمعت يوماً صراخاً شديداً، امرأة يضربها زوجها وكان الصوت يأتي من الدور العلوي للطابق الذي أسكن فيه وأدركت أنها جارتي، وعندما تكرر

الأمر ذهبت لجارتي المقابلة لشقتي وأخبرتها فوجدتها تعلم بالأمر وأن الأمر يتكرر وأنها كانت تزورها وتشتكي حالها مع زوجها، ثم تغيرت تعبيرات وجهها وهي تقول: "آخر مره جاءت وبكت كثيراً ثم غادرت، ولكن زوجي قال لي لا أريد أن يلقي أحد علي بهمومه.

كنت أول مره أسمع هذا المعنى الذي أخبرتني به جارتي وجاء على لسان الزوج، ومن يومها انتبهت لهذا النوع الذي يبدي الاهتمام ظاهريا.

سيدتي لا تنخدعي بمن ينصتون إليكِ، لا تدرين متى يخون المنصتون.

لا تفضفضي أمام الأولاد وتوظفي مشاعرهم وعواطفهم لصالحك، حاذري ولا تهدمي قيما بتعرية الآخرين من خلال ذكر عيوبهم ومواقفهم، قد لا يستوعبها عقول الأبناء، ولا ندري كيف سيوظفونها في حياتهم، لا تكوني عامل هدم فأنت الأم وظيفتك الأساسية عامل بناء لعقول ونفوس أولادك، احذري لحظات الانهيار مع الفضفضة لتكن بعيدة عن الأبناء، ستمر الأيام وتنسى هذه اللحظات، ولكن قد حفرت في عقول الأبناء.

ايقول وليام ابيلتون "إن جسم الإنسان يعاني أكثر عند التعبير عن مكنونات غضبه أكثر، فبعد أن يفجر الإنسان شحنة غضبه نجده يشعر بالأسى والضيق، وهذا النوع من الإجهاد يمكن أن يؤدي إلى أشياء مثل ارتفاع ضغط الدم"[1]. ويرى النفساني الأمريكي ريتشارد بروكتر أنه "عندما تنفس أحياناً عن غضبك، تشعر بالندم وهذا يؤدى إلى نشوء المزيد من المشاكل"[2].

---

1 (دكتور وليام ابيلتون

2 (ريتشارد بروكتر

لا تنخدعي بأحاديث النساء

مازال الحديث عنك سيدتي، عن نفسك أنت شخصيتك وكيف تترفعين بها عن صفات وسلوكيات لا ينبغي لسيدتي الجميلة أن تنغمس فيها أو تترك لنفسها العنان فتنجرف في طريق اللا هوية، اللا مسئولية، فلا معالم واضحة ولا أهداف محددة، طريق الحيارى التائهين الباكين على ماضٍ ظلمهم، وحاضر تخلى عنهم، ومستقبل لا يعترف بهم، والاستماع بأشعار وأغاني تدعم حالة الظلم وعقلية الضحية.

سيدتي، لا تنخدعي بحديث النساء وهن يستعرضن حالهن مع أزواجهن، أعلم سيدة كانت تعاني انشغال الزوج بين العمل وبين الجلوس لساعات طويلة على النت وكانت تشتكي أن خلافاتها مع زوجها كثيرة بسبب انشغاله في البيت بالموبايل عنها، وكيف أن هذا يشعرها بالوحدة وهو موجود في نفس المكان وإن تحدثت لا يكاد يسمع منها كلمة واحدة، ودخلت عليها ذات مرة وهي تحدث بعض الصديقات وهي في حالة مزاجية عالية جدا تتحدث عن اليوم السابق وكيف قضت يوما رائعا وخروجة تحلم بها كل فتاة لا كل امرأة أرهقتها متطلبات الحياة والأسرة، وتتمنى نظرة رضا من زوج قد لا ترى ابتسامته، لمدة من الزمن تتحدث عن الطعام ونوعه وتكلفته الباهظة والجو الرومانسي لن أنسى نظرات المستمعين وهي تحمل نوعا من الابتسامة أعرف معناها جيدا وكأنهن يحلمن ويتمنين.

واستمرت الصديقة بالحديث عن أجواء رومانسية نسمع عنها في الروايات، أعلم أن صديقتي التي تروي صادقة في حديثها، ولكنها تركت صديقاتها في حالة من الأسى على أنفسهن، سيدتي لا تنخدعي كثيرا والتقيت بها بعد فتره وسألتها كيف حال زوجك مع الموبايل وانشغاله؟

ابتسمت وقالت كما هو، وكلما اشتكيت إهماله قال لي تذكري يوم ميلادك ماذا فعلت؟ ويذكرها بهذه السهرة فتصممت طوال العام تشتكي غيابه

إهماله، ثم يأتي في مناسبة محدده يخلق لها أجواء لا تحلم بها، وعليها طوال العام الصديقات اللائي استمعن يعتقدن أنها هكذا طوال العام، مهند ونور نقلت مشهدا يوما في العام أرادت أن تقول أنها زوجة يتفانى الزوج في إسعادها هي تحدثت بصدق، أضيفي على ذلك صدق مشاعرها هي، واستقبالها لتصرفات الزوج فكان هناك مبالغة قد لا تقصدها، ولكن الأكيد أن كل صديقة استمعت لها عاشت ليلة أو ليلتين في عقلية الضحية لزوج ظالم مقصر في حقها، وما أدراكم النكد الذي عاشه صاحبنا يتجرع ويلات ظلمة لزوجته.

هنالك مواقف كثيرة لنساء يتحدثن عن أوهام بين الصديقات الزميلات يدعين حياة لا يعلمن عنها شيئا من أجل إظهار تأثيرهن على أزواجهن وتنزيل الصور والأماكن على السوشيال ميديا لا تمت للحقيقة في شيء، ولكن أردت أن أعرض عليك موقفا له جانب حقيقي، وله جانب آخر لا نراه، وهكذا رؤيتنا لحياة المحيطين بنا جانبا نراه لأننا نريد أن نراه، وجانبا لا نراه ولكن لو أردنا لرأيناه واضحا حتى لو لم نره، فالحياة لا تأخذ كل شيء ولا تعطي كل شيء، لا تنخدعي، ما منعك ربك أيها المُبتلى إلا ليعطيك، ولا ابتلاك إلا ليعافيك، ولا امتحنك إلا ليصطفيك، يبتلي بالنعم، وينعم بالبلاء، فلا تضع زمانك بهمّك بما ضمن لك من الرزق، فما دام الأجل باقياً كان الرزق آتيا. ، قال تعالى: {وَمَا مِن دَآبَّةٍ فِي الأَرْضِ إِلاَّ عَلَى اللّهِ رِزْقُهَا}[1]

لا تـخـسـري أحـداً.

هذه المرحلة من العمر احرصي على علاقات سوية حسنة مع الآخرين، أصبحنا من النضج الذي يجعلنا أكثر حكمة وإدراكا أن الحياة لا تستحق هذه المشاحنات والخلافات التي تنتهي بخسارة لأناس من حولنا.

نعم، لا تخسري أحدا حتى لو كان عدوكِ، ولا تغلقي بابك أمام أحد بقدر المستطاع، حافظي على نوع من العلاقة بحيث لا يكون هناك قطيعة، ولا تضغطي على نفسك في علاقة لا تحبينها، وليكن شعارك لن أقاطع أحدا، ابحثي دائما على أرض مشتركة للوصول إلى نوع من التواصل، لا تواصلي النقاش مع أحد حتة لو أولادكِ إذا أخذ النقاش نوعا ولو بسيطا من الجدال، نصيحة تمنيت لو أن أحدا اهداني إياها من زمن بعيد، لا يجب أن نخرج من النقاش منتصرين حتى لو كان الحق معنا ما دام الموقف شخصي لا يترتب عليه ضياع لحقوق طرف آخر، إذا شعرت أنكِ ستخسرين إنسانا في هذا الجدال، أو سيصبح هناك فجوة فانسحبي بلباقة كي لا تؤذي الطرف الآخر، صدقيني هنا ستكمن قوتك ليس ضعفا، الانسحاب في بعض الأوقات قوة ليس ضعفا، لا تخسري أحدا حتى لو لم تتفقي معه في وجهات النظر، احتوِ الموقف بذكاء ستكونين الأقوى، وإن حرصتِ على الخروج منتصرة فقد تندمين.

اعلمي أن وجهات النظر يجب أن تحترم حتى الخلافات السياسية ليس لنا الحق أن نصادر رؤية أحد أو وجهة نظره، له مطلق الحرية ولك مطلق الحرية لا تعطِ أحكاما مطلقة على الآخرين.

لا تخسري أولادك في نقاش، وامنحيهم فرصة الدفاع عن آرائهم، وتخيلي نفسك مكانهم، استمعي وأبصري بعيونهم حتى تستطيعي تفهمهم والتعامل معهم بدون أن تخسري أحدا منهم.

تقدم الكاتبة "راشيل بيس" بعض تلك العبارات في مقال لها على موقع "ماريج"

دعونا نعقد اتفاقا:[1]

البدء بعبارة "دعونا نعقد اتفاقا" سيهدئ شريكك ويجعله يفكر في أنك على استعداد للاستماع وتفهم وجهة نظره ومن الممكن تقديم التنازلات.

ماذا تقترح؟[2]

بعد أن تظهر للطرف الآخر عدم ممانعتك تقديم تنازلات اسأله ماذا يقترح لحل المشكلة، إذ قد يؤدي الاستماع لاقتراح الطرف الآخر إلى نقد بنّاء وتحسين علاقتك به بشكل عام، ولا تقلق من الرد بهدوء على اقتراحاته إن لم تكن تناسبك، فمجرد إبداء استعدادك لسماع ما يريده الطرف الآخر قد يهدئه.

ربما تكون على صواب[3]

ينصح باستخدام عبارة "ربما تكون على صواب"، لأن هذه العبارة توضح أنك على استعداد للاستماع إلى ما سيقوله الشخص الآخر، ويمكنك بسهولة نزع فتيل الموقف الذي تتزايد فيه الخلافات وحتى إذا كنت لا تزال تعتقد أنك على حق، فإن التنازل والاستماع إلى ما يقوله الشخص الآخر، سيسهّل عليك جعله يستمع إليك.

---

1) راشيل بيس
2) راشيل بيس
3) راشيل بيس

لا للضربة القاضية

تحدث الخلافات بين المتحابين والمتآخين، الخلافات لا تنتهي ولكن هناك خلافات يحكمها أخلاق، وتتسع دائرة الخلاف والخصومة وتصل إلى أقصى مداها إذا غابت عنها هذه الأخلاق، فلا مرجعية أخلاقية، ولا قيما دينية بمعنى أنه إذا خاصم فجر، احذري سيدتي أن العائلات تتوثق روابطها وتصبح متينة من خلال الزواج، والعكس تنتهي علاقات متينة بسبب الخلافات الزوجية، هناك أمور لو صرحت بها الزوجة أثناء خلافها مع زوجها وقد يكون خلاف عادي فتقوم الزوجة بإخراج أسرار أو أمور لو تحدثت بها لكانت ضربة قاضية، احذري أيتها الزوجة هناك أسرار لو خرجت من بين شفتيك لأصبحت مرفوضة من العائلة كلها حيث لا عودة، أو عودة مكروهة يتحينون الفرصة لخروجك بلا عودة.

حدثتني صديقتي أنها سمعت زوجها يتحدث مع أحد على التليفون، ومعروف عن الزوج أنه إنسان محترم جدا وخلوق وكانت تربطه بها علاقة حب قوية وحياة تتمناها أي امرأة تقول، وأثناء خلافي معه في حضور أُسرته، انفعلت بشدة وتحدثت واتهمت زوجي أنه له علاقة بسيدات، كانت صدمة للحضور من الأقارب وصدمة له لسوء ظنها فيه، تقول الزوجة:

"من يومها وهو يكرهني كرها شديدا ويريد الزواج عليَّ، ويعاملني كخادمة، وأحاول استعادة علاقتي به، ولكن دون جدوى، سحب مني كل الصلاحيات وكأنني شبحا في البيت لا يرى وجودي".

كانت الضربة القاضية للأسف هي تحبه وتتمنى أن يرضى عنها، لكنها فقدته للأبد بسبب زلة لسان لم تتحكم فيها احذري.

عـــلـــمـــتـــنـــي الـــحـــيـــاة

ما حـدث قد حدث

من الطبيعي أن نمرّ بتجارب سيئة ونشعر بالحنين تجاه فترة زمنية معينة، ومن الطبيعي أكثر أن نشعر بالألم في بعض الأحيان عندما نسترجع ماضي مررنا به، لكن على الجانب الآخر قد نغرق في التفكير فيما حدث إلى حدّ أن ننسى الحاضر، ويستغرق هذا السفر الذهني وقتا يمتد إلى ما لانهاية، يشغلنا عن عيش اللحظة الراهنة والشعور بالحماس حيال أحداث مستقبلية.[1]

ما حدث في الماضي من ذكريات مؤلمة قد حدث، علينا تقبل الماضي فإذا وجدتي نفسك تتساءلين:

لا أُصدّق أن أمرا كهذا قد حدث، لا أعرف ما الذي فعلته لكي تحدث كل هذه الأمور السيئة لي، لا أعتقد أنني سأتمكن من تجاوز ما حصل أبدا، هل كان عليّ أن أتصرّف بطريقة أخرى لكيلا يرحل؟

اعلمي أنك لا تتقبلين الماضي، قد يكون من المفيد أحيانا أن تُخرج هذه المشاعر والأفكار من نطاق دواخلك إلى مساحة تشعر فيها بالراحة بينك وبين صديق تثق به، أحد يساعدك على إدارة مشاعرك وأفكارك تجاه التجارب السابقة بشكل أفضل ولا تنسى أن نثق به.

الاستمرار في هذه الحالة قد يدفع بالمرأة إلى الشعور الدائم بعدم الرضى، حيث جلد الذات حول اختيارات وقرارات في الماضي، أو عدم تقبل فقدان أحباء رحلوا ونرى أن الحياة مستحيلة بدونهم، ولن نستطيع تخطي الأمر إذا تفاقم هذا الشعور فيجب استشارة طبيب نفسي يُسمى هذا الفعل بالاجترار، إن استمرار الوضع يعود على صاحبه بألم جسدي، والتفاعل مع الذكريات يؤدي إلى وهن نفسي.(Rumination)

---

1) "Reflecting on rumination: Consequences, causes, mechanisms and treatment of rumination," (2020).

سيدتي، فندي الماضي واعترفي بصوت عالي إنك لا تقبلينه، ثم ابدأي بوضع حلول وتصور، أخرجي ما بداخلك، ثم جزئي المشكلة وانظري إليها من بعيد وكأنها لأحد غيرك، هل هي حالة فريدة من نوعها؟ هل هي مأساتك وحدك أم أنت نسخة من نسخ كثيرة مكرره؟

إذا هي الحياة! من الممكن أن تكوني أنت نسخة مميزه في إدارة أزمتك وحياتك، لا أقول مثالية فهذا المعنى يختلط على البعض فهمه، أقول مميزه في إدارة محنتك ومعانتك، اجعلي شعارك سأتخطى الامر.

الدموع هي إحدى وسائل التعبير عن مشاعرنا، وإحدى ميكانيزمات التعافي. أحيانا نسعى بإرادتنا أن نُعطِّل هذه العملية، فنكبحها تجلُّدا منا.

تُشير الأبحاث إلى أن الدموع ليست كلها سواء، بل إن لكل حالةٍ شعورية دموعا فريدة من نوعها، تُطلق معها أنواعا مختلفة من السموم التي يحتاج الجسد إلى أن يتخلص منها، فتختلف دموع الحزن عن دموع الندم، عن دموع تقطيع البصل، كون البكاء هنا تحديدا وسيلة لإطلاق مشاعر نعجز عن صياغتها في كلمات.

أقبل نفسي كما هي:

إذا تقبلنا أن ما حدث قد حدث فسوف نقبل أنفسنا كما هي، لن تحاولي الرجوع للوراء فسوف تكون أرض الواقع التي تعيشينها، هي التي تؤثر ناظريك، فاقبلي نفسك وتكيفي معها، لا تسعي للمثالية فأنت غير مطالبة بهذه، أنت مطالبة بأن تكوني سوية، تملأ نفسك الراحة والرضى، تعيشين الرفاه النفسي،[1] ولا يعني هذا أننا لا نسعى لتطوير أنفسنا، على العكس نحن نقبل أنفسنا ونرضى لنستطيع النهوض بها وتدعيمها، فالارتقاء والتطور عملية مستمرة لا تنتهي ملازمة لحركة الحياة.

قال تعالى {فَأَزَلَّهُمَا الشَّيْطَانُ عَنْهَا فَأَخْرَجَهُمَا مِمَّا كَانَا فِيهِ}[1] ثم استكمل آدم الدور الذي خلفه الله من أجله خليفة، إني جاعل في الأرض خليفة، كانت الخطيئة مجرد تجربة لآدم وحواء تعلما منها أن الشيطان عدواً، والذنب له توبة إذا أسرعت في طلبها لك القبول والمغفرة، الدرس كان قاسي ولكن كيف كان سيتعلم آدم وحواء أن الشيطان عدو لهما؟

كان يجب أن يتم إعداد آدم لهبوطه على الأرض، ويتعلم فيه كيف تكون التوبة، أحيانا لابد من دروس تكون قاسية لمهمة سوف نتحملها، وقد يكون الحرمان من شيء لأنه أعطانا أشياء كثيرة، ولكن لم ندركها.

أكون مـرنـة في تـفـكـيـري:

سيدتي، الحياة رحلة لها بداية ونهاية، وعبر المحطات لا يجب أن تأخذي أكثر من الوقت اللازم، هناك رحلة يجب أن تستملكيها وعليك واجبات يجب أن تنتهي منها، وأي تقصير سيعود عليك بالخسارة، واجعلي من محطات حياتك التي تمري بها رصيدا من الخبرات ودروسا تعلمي منها، واجعليها إضافة لحياتك لا عقبات. تلك الحياة رحلة لن تقف لأحد، ولن تنتهي عند أحد، ستمضي بنا أو من دوننا، والنجاح والفشل سيتوقف على مدى استثمار وقت الرحلة بأفضل صور نستطيع أن نعرضها بدون خجل، عليك اقتناص الفرص لا وقت لتضيعيها فلتتحلي بالمرونة النفسية، فالمرونة النفسية هي الجهد الذي يبذله الشخص للتغلب على المشاكل والصعوبات التي واجهها أو سيوجهها خلال حياته، والقدرة على تعزيز قواه الشخصية في مواجهة هذا الجهد تقلل المرونة النفسية من الآثار السلبية للمواقف العصيبة، وتسهل علينا التكيف مع حياتنا والظروف المحيطة[2]

مـــواجـــهــة لا بـــد مـــنـــهـــا

من أنتِ في تلك الرحلة؟ أنت الزوجة رفيقة الدرب

من أنتِ من تلك الفئات التي أشرنا إليها من النساء في منتصف العمر؟ أنتِ الزوجة الشريكة والرفيقة والمسئولة، رحلة طويلة من العطاء والآن بدأتِ تشعرين أنك في دوامة والكل منشغل بما يخصه، تفتقدين التقدير الذي تريدين، والاهتمام والحب وكلمات الشكر وكأنك آلة في البيت ليس لها احتياجات، وغير ذلك نظراتهم تقول بوضوح:

ما تقومين به هو دورك مطالبة به وليس لك حق الشكوى، كل الأمهات يقمن بذلك لا تقدير، ويدور في مخيلتك أن العمر يمضي بين عائلة لا تمنحك أبسط حقوقك، وهو الاعتراف بفضلك تضحيتك، ويصيبك هذا بالإحباط أحيانا تبكي أحيانا، تتمنى الصراخ في وجوههم.

سيدتي يا نفسي وتكويني لن نقسوا على أنفسنا، بل سنواجه الحقيقة، نعم لنا حقوق، ولكن نحن من أضعناها، نعم يجب أن تكون أولوياتنا الاهتمام بأنفسنا ولا نهدرها حقها، نحن من بدأنا ظلم أنفسنا بعاطفة الأم المعطاءة، فلا نشتكي الآن ولا تحملي أحدا إهمالك لنفسك.

أولا لن نعيش بعقلية الضحية وسنعيد تحقيق التوازن شيئا فشيئا، اهتمي بنفسك بأبسط ما تستطيعين، بادري ولا تقفي مكانك وتحركي للأمام، طوري من أدائك ومهارتك ولا تستسلمي لحيلة الضعفاء جميعا نفعل هذا صراخ وصوت عالي، سيدتي، استمعي لخبراء التربية ونصائحهم حول مراحل المراهقة والشباب والزواج، نصائح حول مرحلة منتصف العمر، وأعد نفسك جدة يفخر بها أحفادها، هذا واقع سيدتي يجب أن نطور من أنفسنا لنجتاز رحلة لابد لنا من استكمالها ونتطور مع تنوع مراحلها، لتكن البداية مثلا ضع خطة ثلاثة أشهر أهداف خاص بالأسرة، بالبيت بنظافته بترتيبه

بإعادة وضع لمسات جمالية حسب الإمكانيات، إحداث نوع من التغيير للأفضل، تستطيع المرأة أن تبدع مهارة النساء في إعادة تدوير الأشياء يجعل منها فنانة تشكيلية من الدرجة الأولى هدفا للبيت، حدديه خاص كل شهر هدفا صغيرا ترتيب ميزانية البيت، استمعي إلى دورات إدارة الوقت، كل شهر يوجد إضافة كل ثلاث شهور قيمي النتائج هل من تطور هل من تقدم، شجعي نفسك، كوني مرجعا إرشاديا لأفراد أسرتك بوعيك وثقافتك، ليكن لك هدف على المستوى الشخصي، صحتك، هل تمارسين نوعا من الرياضة؟ امش لو ربع ساعة يوميا، مارسي نوعا من الرياضة في البيت، تواصلي مع طبيب حول نظام فيتامينات تخفف عنك من اضطرابات الهرمونات بعد الأربعين، اهتمِ بشكلك ومظهرك دون تكلف، اهتمِ بفكرك وطريقة عرضك لأي أمر، لا تكوني الأم التي تصرخ دائما.

أخطانا كثيرا في حق أولادنا، كنا نستخدمهم أحيانا للتنفيس عن غضبنا دون أن ندري أنهم ليس لهم ذنب في أمور أسأنا تقديرها، لن أنسى يوما عندما غضبت من ابني الصغير وهممت بعقابه وإذ بابنتي كانت في المرحلة الثانوية قالت لي بصوت هادئ ماما، أنت لا تعاقبينه، أنتِ تنفسي عن غضبك. كانت تتكلم وهي حذرة أن تنال من غضبي، يومها شعرت كأنها أيقظتني من غفلة، نعم كنت غضبانة، لا تعاقبوا أولادكم في وقت الغضب، تمهلي حتى لا تندمين عندما تجدين نفسك تبالغين في عقابهم ما نكسره في قلوب الأطفال، يظن البعض منا أن بعض الحلوى تجبر كسر قلبه ونفسه، كثير من الأطفال يعيش طوال عمره يتذكر قسوة الأم أو الأب، هناك مواقف يتم حفرها في قلوب الأطفال، الطفل لا يعلم أن أمه تعاني وحدة وألم نفسي ومعاناة المسئولية لا يدري فيكون هو مجال أمامنا للتنفيس عما نعاني للأسف.

سيدتي، هل تعلمين أن رسولنا الكريم لم يضرب طفلا، ولم يأمر بضرب طفل، وكان يسمع للصحابة ولشكواهم مهما كانت مخزية، فيستقبل حديثهم بقلب المربي والمعلم والقائد، لم يعنف ولم يصرخ في وجه أحد، صلى الله عليه وسلم، اقرأي أو استمعي لسيرة الرسول للدكتور راغب السرجاني، أو الصلابي أو د طارق السويدان.

اعرفي رسولك كيف كان يوجه ويربي ويحاسب، سيدتي إذا انتقلنا إلى الزوج وهنا سوف يكون الوضع مختلف من زوجة وأُخرى منتصف العمر، أي منتصف رحلتك أنت وزوجك مع الأولاد مراحل عمرية مختلفة، أحلام الأبناء في طموحاتهم الدراسية صراع المراكز والألقاب هو الهدف الأساسي لأبنائنا، إخفاقات الثانوية العامة وتحطيم الأحلام عند الأبوين، وكأن الحياة والنجاح فيها متوقف على ألقاب محددة حتى الزواج وفرصه أصبح في بعض المجتمعات متوقف على كليات بعينها، يأتي المهندس يطلب صيدلانية شرط، ثم باقي المواصفات نبحث عنها بعد ذلك، صراع الألقاب والنتيجة لهذه الاختيارات معروفة، اجعلي هدفك أنت وزوجك بناء شخصيات تستطيع التأسيس لبناء حياة بمفردهم، اعطوا لأبنائكم فرصة للتعبير عن آرائهم سيكون هذا مرهق، لن تكون النتيجة كما تحبون في البداية، ستكون أخطاء من ناحيتهم كثيرة وسيحدث تطاول في المناقشة دون عمد منهم كالطفل عندما يبدأ المشي سيتخبط في كل شيء أمامه، وسيقع حتى يتعلم، تخيلي يا سيدتي كلما وقع صغيرك على الأرض فمتى عنفتيه وصرختي في وجهه، هل سيحاول الوقوف بنفس النشاط؟

هكذا عندما تسمحين لنقاش مع ابنتك أو ابنك وأثناء الحوار أشار اليك بكلمات مثلا أنت لا تفهمين، أنت مخطئة، نتسرع بالصراخ والعتاب والنهر، وقد يكون أخطأ التعبير دون قصد أو بقصد، هنا علينا لفت نظره لأخطائه

بهدوء ونعطي فرصة أخرى وأخرى تغافلا لبعض الوقت، ولكن لا نتغافل كل الوقت، التربية ليست بالأمر السهل، إن الحياة كد وكدح، والتربية رحلة طويلة حتى تصلي في النهاية لأثمن وأغلى ما في النفس البشرية، "قد أفلح من زكاها". فالتربية تشبه رب اللبن، وبمناسبة (تربية) فالتربية لغة من الفعل رَبَا يربو أي زاد ونما، وكذلك هي مصدر من الفعل ربَّى يُربّي أي نشأ ونمّى، فالفلاحة كانت تجعل اللبن في شيء ثم تبدأ في رجه وتسمي رب اللبن وقتا طويلا حتى يتجمع السمن البلدي وهو أثمن ما في اللبن.

النتيجة أن تخرج أثمن ما في الشيء أيتها الزوجة الرائعة، لا تملي أبدا واجعلي من نفسك الروح الجميلة بين أفراد أسرتك ولنفسك، اعطِ لنفسك ولا تبخلي عليها حتى تسطيعين العطاء للأخرين.

أنت الأرملة في منتصف العمر، وأراك أميرة بلمسات الحزن التي فقدت الحبيب والسند، وأصبحت أميرتنا الأب والأم والمسئول والراعي، الأرملة في منتصف العمر هي من مات زوجها والكل يتعامل معها أنها هي أيضا ماتت، بل يجب أن تموت هي أيضا، وتعيش بروح الرجل من أجل الصغار ومن العيب أن تبوح بمكنوناتها ووحدتها، ثم يمر العمر بين معاناة في التربية، معاناة في الماديات، معاناة من نظرات الفضوليين، رحلة رجل وامرأة في آن واحد سيدتي لك كل الحق في اختيار شريك حياة ولتبدأي حياة جديدة، حقا اعطاك رب العزة مطلق الحرية فيه في منتصف العمر عندما تفكر الأرملة في الزواج أول من يعترضها ويهاجمها أهلها ويقاطعونها، ناهيك عن الجيران والأصحاب وكأنها قامت بمصيبة.

سيدتي هو حقك وقرارك، ولكن يجب الالتزام بكل المعايير التي لا تدفع بك للندم، وتسببين الأذى لأولادك، وفري لهم الحماية حتى لا يضيعوا منك، كوني حذرة ولا تتهوري، فما أكثر التهور في هذه مرحلة، نعم هي مرحلة

نضجِ، ولكن تتطلب عملية ضبطِ، فإن أخذت قرارك بعدم الزواج فامضِ في استكمال الرحلة مستعينة بالله، وأنصحك ألا تنتظري الشكر والتقدير من أحد من الله فقطِ.

فحالك وأحوالك لن يكون له من عظم الأجر إلا من الله، ولا تمني على أحد موقفك من الزواج، وليكن لك حياة خاصة بك، عمل، هواية، دراسة، موهبة، أو لتنمي لك موهبة وعملا خيريا تشاركين فيه مثيلاتك من النساء، لا تتركي نفسك للوحدة والضغوط النفسية، لا تستسلمي للحزن.

يقول ريتشارد تمبلر في كتابه قواعد الحياة "تَقبُّل حقيقة الرحيل الأبدي والتفاهم معها لن نعثر على بديل، ولن يملأ مكانه أحد"[1].

نبدأ في قبول أن الأمر ليس شخصيا، وأن وقتَ فقيدنا قد كُتِبَ له أن ينتهي.

كتاب رائع رغم قسوة الكلمات، هي حقيقة فلتواصلي حياتك، لن تقف الحياة علي موت أحد مهما كانت مكانته، وستمر أيام ثقيلة يتمزق القلب في كل دقيقة ألم الفقد كالوحش ينهش القلب والروح تمر، الأيام كأنها سنوات إذا كانت مفاهيم الحياة والموت غرست بمعانيها بشكل صحيح لديك قد يعينك هذا الفهم في استجماع شتات أمرك وفكرك وعقلك ما في القلب من حرقة، سيبقي تداويه الأيام ولكن عزيمة الإيمان وعدم الاستسلام والإحساس بالمسئولية سيدفع بك أن تنهضي وتواجهي، ولتبدأ الرحلة الأمل في الله، ولكن لا ترسمي في مخيلتك أن تجدي بديلا يعوضك ما فقدتين، سيكون هناك ما يجبر كسرك من قبل الله عز وجل، ليس من الضرورة أن يكون بديلا بمواصفات أنت قيمتيها ووضعتيها، هذا إعداد نفسي للقادم، وقد يأتي من يكون القادم هو الأفضل، ونحن لا ندري ولكن الواقع أن ما مضى قد مضى، وعلينا اذا بحثنا عن البدائل لا نرفع سقف توقعاتنا حتى لا نصعب علينا استكمال المسيرة الحياتي.

---

1 ريتشارد تمبلر في كتابه قواعده

شبعوا فكرك بهذا المعنى.

لقد أضعتِ فرصا كثيرة، هكذا يقولون اعلمي فتاتي الجميلة أن ما أوصلك لهذا السن دون ارتباط له أسباب عدة، منها أنه لم يطرق بابك أحد توسمت فيه القبول كزوج أو يمثل أحلامك التي تمنيتها، ومن الممكن أن يكون عدد العرسان كان كبيرا جدا ولكن لم ترغبي بأحد منهم، ومن الممكن أن يكون لم يطرق بابك إلا عدد قليل جدا لظروف محيطة بك، فهناك بيوت يهابها الناس لمكانة اجتماعية تتميز بها، أو كانت تتميز بها أسباب متنوعة، النتيجة واحدة، وصلنا لسن الأربعين دون زواج، وتسلمت لقب عانس بكل جدارة من المحيطين وهذا يحزنك كثيرا، دائما نظرات المحيطين من أولويات اهتماماتنا، وهذا أمر طبيعي لأننا نعيش وسط هؤلاء الناس ولا يمكن تجاهل آرائهم.

معك حق، ولكن إرضاء الناس جميعا غاية لم ينلها أحد.

لــيــكــن لــك ثــوابــت

عندما تتعرضين للانهيار تحميك وتساعدك في استعادة توازنك ليكون لك سندا لا يخذلك، عندما تلجئين إليه ليكن لك حالا مع الله هو السند، هو من يختارك الأفضل والأصلح يسمع صوتك ومناجاتك، وسيعلم ما تعانين وما تفتقدين، لو كان لك حوار فلن يمل منك أبدا، وعدنا بذلك، باب الملك مفتوح أربعة وعشرون ساعة، لا يغلق في وجه أحد أطرق بابه دائما، فتأتي الجميلة اصنعي من نفسك نموذجا يحتذي به، عيشي حياتك، فالزواج محطة من محطات الحياة، نعم هي محطة مهمة ولكن هي مجرد محطة، إذا فاتت فلا تظنين أن الحياة وقفت وانتهت، لا، ستسير الحياة وتمضي دون توقف، تعلمي إدارة أمورك وحياتك، وخططي لمستقبلك.

السن رقم لا تنظري إليه، قد نعيش عاما وقد نعيش ساعة، وقد نعيش عمرا

أطول ما يكون.

فتاتي الجميلة لا تكون مجرد رقم في أسرتك، بل كوني إضافة لكل مكان تتواجدي فيه، كوني فردا غير عادي، ابحثي عن هواياتك التي تسعدي بها، نميها، ليكن لك عمل خاص بك، ليكن لك دراسة متخصصة، كوني فراشة يتهافت الجميع حولها وإذا عرضت عليك فرص للزواج لا تجعلي من الظروف المحيطة سببا للموافقة، يجب أن تكوني على قناعة تامة.

فهناك زوجات كن يتمنين أن يبقين في بيوت أهلهن ولا يخضن تجربة الزواج، ولكن يصارعن الحياة من أجل أطفال لن يكون لهم مأوى لو طلبن الطلاق، حيث الزوج السيء السمعة والسلوك، ونماذج كثيرة، وهناك من مات زوجها وانكسر قلبها لحبيب ملأ الدنيا عليها ثم رحل عنها لتحيا بين الموت والحياة، ومطلقة نالت الألسن منها، ونظرات الطمع من كل المحيطين، أعتقد أنك أفضل حالا وأوفر حظاً.

شخصيات نسائية بدأن بعد الأربعين

جوليا تشايلد Julia Child

عند ذكر قصص أشخاص ناجحين فإنه يجب ذكر قصة جوليا تشايلد الطاهية الشهيرة بشغفها بكل ما يتعلق بالأطباق الفرنسية، ترجع شهرة تشايلد إلى عكوفها على دراسة كل ما يتعلق بالمأكولات الفرنسية، ما جعلها تصدر كتابًا ضخمًا يتناول جميع الوصفات والنصائح للمطبخ الفرنسي، حقق كتابها نجاحًا هائلًا في عمر الـ 53 مما جعل الكثير من شبكات التلفزيون تتهافت لعقد اللقاءات الحوارية معها، حتى أصبحت واحدة من أهم الوجوه الأمريكية في التلفزيون.

روبــن تشيز

رائدة الأعمال الشهيرة روبن تشيز، بدأت حياتها المهنية في عمر الـ 42، حيث استطاعت أن تؤسس شركتها الناجحة ZIPCAR التي تمحورت فكرتها حول إتاحة السيارات لخدمات التأجير والتبادل المؤقت، ما نجح نجاحًا ساحقًا وجعل ثروتها تتزايد حتى وصلت إلى نصف مليار دولار في وقت قصير، وبالرغم من النجاح الذي حققته الشركة، باعتها تشيز لتتمكن من التفرغ لمساعدة الشركات الناشئة في التوسع والانتشار.

ماري روبرتسون

بدأت آنا ماري روبرتسون موزيز، والمعروفة بـ «الجدة موزيز»، مسيرتها في الرسم عن عمر 78 عاماً، وفي عام 2006، بيعت إحدى لوحاتها في مقابل 1.2 مليون دولار.

لورا إينغلس وايلدر

مضت لورا إينغلس وايلدر سنواتها الأخيرة في كتابة القصص القصيرة، حيث كانت ابنتها روز، تحرر وتنقح لها القصص، ونشرت لورا أول مؤلفاتها «البيت الصغير» في سن ال 65.

مـن هنـا نبـدأ

سند

أولا: يجب أن يكون لك سند يكون هو مصدر قوتك ودعمك، لا يخذلك عند الأزمات، عندما تحتاجينه وتلجأي إليه تجدين بابه مفتوحا لا يغلقه أبدا في وجهك، يسمعك ولا يمل منك أبدا، سندك عندما يختل توازنك أمين على أسرارك، يفرح بقدومك مهما كان الوقت ونوع الشدة هو في انتظارك دائما ليقول لك لبيك عبدي.

من أقوى سند هو الواحد الأحد هوالصمد، أي السند هو الحي القيوم لا تأخذه غفلة أقل من الثانية، معنا أينما كنا، يسمع ويرى، يجيب المضطر إذا دعاه ليكون لك بابا مفتوحا، مناجاة شكوى استعانة استقواء لن يخذلك أبدا التواصل مع الله هوشحن دائم لطاقتك وعزيمتك، أنت دائما في حالة سعي وجد وتسليم واستسلام لقضائه، قلب مطمئن لأقدار الله، وطامع في رحماته ولطفه.

يقول ريتشارد تمبلر في كتابه قواعد الحياة "أعتنق عقيدة حتى تحميك وقت الشدة من الأزمات ونحن نقول كما قال موسى عليه السلام "إن معي ربي سيهدين"[1]".

هـدف واضـح

ماذا أريد أن أفعل؟ ولماذا أريد أن أفعل وكيف سأفعل؟

وضوح الهدف وماذا أريد سيساعدك هذا في اتخاذ قراراتك في كيفية التنفيذ، عليك أن تحددي أولوياتك الحالية، وترتبينها وما تريدين إنجازه وما تريدين تعديله وتغيره ليناسب المرحلة الجديدة، ثم جزئي الهدف

---

1)ريتشارد تمبلر في كتابه قواعد الحياة

لأهداف صغيرة، وحددي مدة زمنية واقعية لتنفيذ الهدف، وحددي الفئات التي ستشاركك في إنجاز أهدافك إذا كان الأمر سيحتاج أي توزيع الأدوار من خلال خطه فيها الوقت الزمني، توزيع الأدوار الوسائل المساعدة مرونة في الخطة حيث نستطيع إدخال بعض التعديل إذا احتاج الامر.

مـــهـــارة جـــديـــدة

إضافة جديدة أو تنمية مهاره أملكها، ولكن مهملة، خبرة جديدة خاصة بعملي، خاص بي على المستوى الشخصي.

التعلم رحلة لا تنتهي، قد تكون دراسة أو دورة تدريبية، تنظيم وقت للقراءة، حيث إطلاق العنان للفكر أن يبدع ويفكر، كوني في زيادة الوقوف كما أنت مهما كان لديك من العلم الوقوف، هو نقصان وضياع لهذا العلم، ومهاراتك سوف ينطفئ رونقها بعدم إضافات المزيد من التجديد لها.

علاقات اجتماعية قوية وصحية

احرصي أن تكون علاقاتك قوية بالشخصيات التي تضيف لك، إياكِ ولصوص الطاقة، العلاقات الإيجابية بالآخرين هو صحة نفسية تمدك بالطاقة والحيوية ومواصلة الطريق للنهاية.

الفشل خبرات جديدة لنجاح متميز

الفشل في بعض الأحيان للوصول لهدفك يكون توجيها لطريق آخر، سيكون أكثر فرصة للتميز، وبالرغم من ذلك قد نحتاج مراجعة طبيب نفسي لا ضير في ذلك، بل اعتبري الأمر وقاية ورعاية صحية، لا يعيب المرأة في شيء الاستشارة الطبية، في بعض الأحيان تكون ضرورية، نعم لا تتركي نفسك لوضع قد يتفاقم وينتقل بك من أزمة إلى مرض، وهناك فرق بين أزمة تمرين بها واكتئاب نفسي أو أي مرض نفسي.

لنفهم معا ماذا نقصد بمعنى أزمة

ماذا تعني كلمة أزمة

الأزمة هي إدراك الفرد لحدث ما أو موقف معين بأنه صعب الاحتمال ويتجاوز أو يفوق ميكانيزمات المواجهة أو التوافق لدى الشخص ويستنفذ في نفس الوقت كل مصادر وأساليب المواجهة. وإذا لم يتم مساندة الشخص للتخلص منه أو التخفيف من الأزمة وإعادته إلى سابق حالته الانفعالية قبل الأزمة يمكن أن تسبب الأزمة خللاً أو عجزا وظيفيا انفعاليا أو معرفيا سلوكيا، هذا التعريف يركز على عملية الإدراك لا الحدث، إدراك الحدث واستيعابه يختلف من شخص لآخر، ويتوقف على المختلفة لدلالات ومعنى الحدث، أو الموقف هنا لا يتعامل مع الاحداث، التصورات من حيث القيمة، بل يتعامل مع ترجمتها حسب إدراك كل شخص.[1]

هذا التعريف يوضح لنا أمرا مهما، ما أمر به قد لا يحتمل قدراتك أنت، إذا أيقنت أنك في حاجة لاستشارة طبية لا تتأخري، ولا تتهمي نفسك بالضعف، لأن فلانة مرت بنفس المواقف واستطاعت تجاوزها.

سيدتي الجميلة مع الخبرات الحياتية والعمر اكتشفت أننا نرى الناس من الظاهر، وقد يكون لديهم الذكاء لإخفاء ما يمرون به، فكثير من النساء من حولي كنت أجد فيهن القوة والعزيمة، ثم اكتشف مدى المعاناة والألم النفسي في حياتهن، وأحيانا يلجأن لطبيب نفسي لاستعادة التوازن ومواصلة الرحلة ونحن لا نرى سوى النجاح والتقدم، لا تهملي نفسك سيدتي ولتعطِ لنفسك الأمل، أنا أستطيع أن أكون وسأكون بعون الله.

سأقترح عليكِ نوعا من العلاج التكميلي، وهو وقاية لك وهواية لو بحثتي، ويستخدم في الوقت الحالي بتوسع خاصة في الدول المتقدمة.

---

1)Little, Robinson&Burnettc, 2002; Lee, 1995; Richardson, 1988

كوب من القهوة...

أو أي مشروب تفضلينه أميرتي

وهيا بنا

من رحم الأزمة الي عالم الألوان والفن التشكيلي

بدأت رحلتي في التاسعة والأربعون عندما تعرضت لظروف صحية بعدها، قررت تسوية معاشي، وإنهاء عملي الوظيفي لاعتقادي وقتها أنني لم يعد لدي المقدرة على الخروج للعمل والالتزام بعمل وظيفي يبدأ من الساعة السابعة والنصف صباحاً، وبالفعل كان التشجيع من زوجي قوي جدا.

وأنهيت أوراقي وجلست في المنزل، وجاءت جائحة كورونا، وحظر التجوال من أصعب الأيام التي مرت علي، ثم بدأت أشعر بأعراض اكتئاب، كنت أميل إلى الحزن كثيرا، حاولت أن أنشغل بترتيب المنزل، تنظيمه، واستحضار الهوايات من إعادة تدوير أشياء قديمة وتحويلها إلى تحف، وأصبح الموضوع يستهويني لدرجة أن كل مكان في البيت بدأت أضع عليها لمسات فنية.

كان وقت الفراغ طويلا، وعدم الخروج وحظر التجوال جعل وقت الفراغ أكبر، وكان لا بد من أي عمل يسحب من طاقتي السلبية التي سيطرت علي وعلى الجميع، وقتها الخوف من المرض والموت الذي انتشر بسبب الإصابة بكورونا كنت أعلم أنني مقبلة على مرحلة عمرية مختلفة، وكان الأمر بالنسبة لي صعب.

بكاء بدون سبب محدد، أضف إلى ذلك ظروف حياتية واجتماعية ومسئولية الأسرة التي بدأ أفرادها يستقلون بأنفسهم بعض الشيء، وبدأت استخدام الألوان والفرش وكنت أعلم القليل عن فن سكب الألوان، وحاولت القيام بأعمال فنية من خلال فن سكب الألوان، وكانت المفاجأة أن الألوان السائلة وهي تندمج مع بعضها بصورتها السائلة كانت تؤثر عليَ، بداية من عيني التي كانت تلتقط صورة الألوان، وكأن هذا المنظر يسحب الطاقة السلبية.

كانت هذه الصور تمنحني طاقة إيجابية وهدوء نفسي، وكأني كنت في رحلة مع الطبيعة، كان كل عمل فني أقوم به بالنسبة لي بمثابة رحلة مع الألوان، ومن هنا بدأت أدرس كل شيء عن الألوان وفن سكب الألوان، وبدأت رحلتي في عالم الألوان والفن التشكيلي وأصبحت اشارك في معارض فنية بجانب الدراسة، نعم كانت أجمل الأوقات أقضيها بين الألوان، وكلما تعرضت لموقف صعب على التصدي له، أسرعت إلى ألواني ولوحاتي بعض الوقت وكأني في جلسة استرخاء أو تأمل، في الخمسين من عمري كنت أقف أمام أولى لوحاتي التي شاركت بها في المعرض، وأستمع إلى الفنان التشكيلي عادل بنيامين وهو يقول لي: "استمري ويثني علي عملي، كأني ما زلت تلميذة في بداية حياتي".

لإنجازاتنا في الخمسين طعم آخر، وسعادة من نوع خاص.

من هذه التجربة كان لا بد من البحث والدراسة

هل الألوان لها تأثير على الحالة النفسية للإنسان؟

حــواء الـجـمـيـلـة

لقد أثبتت الدراسات الحديثة أن الألوان لها تأثير على خلايا مخ الإنسان، جعل الله السماء باللون الأزرق، والزهور لها ألوان مختلفة، وجعل الشجر باللون الأخضر، واختلاف هذه الألوان لم تكن عبثا حاش لله ولكن لحكمة، وهذا ما تم اكتشافه حديثا، حيث وجد لكل لون موجة معينة، وكل موجة لها تأثير على خلايا مخ الإنسان وجهازه العصبي، بل وحالته النفسية وهناك فرق بين نظرة علماء الطاقة لكل لون، ونظرة علماء النفس لكل لون كما أن علماء النفس تحدثوا في علم الألوان بأن هناك علاقة بين اللون المفضل لدى الإنسان وشخصيته (توفيق جبريل, 2013).

(أكتوبر – 2022) قامت بها د. جوهرة بنت سالم الخليوي ومن نتائج

البحث التي توصلت لها دكتوره جوهره أن الألوان ليست اهتزازات وموجات ضوئية فقط، بل هي ذات تأثير كبير يصل إلى أعماق النفس البشرية، حيث اتضح أن الغالبية العظمى من أفراد عينة البحث تؤثر الألوان على حالتهم المزاجية بنسبة 87 %، بينما الذين لم يتأثروا بالألوان كانت النسبة 8.7%، وخلصت هذه الجزئية من الدراسة على تأكيد فرضية التأثير الإيجابي للألوان على الصحة النفسية. "البيان"(1) حاولت من خلال الاستطلاع الأسبوعي، أن تضيء على أهمية الفنون التشكيلية كوسيلة فعالة في تحسين الصحة النفسية بما يعكس قدراتها العلاجية في تخفيف الضغوط الاجتماعية والنفسية، حيث طرحت سؤالاً على متابعيها عبر منصاتها في فضاءات مواقع التواصل، مفاده هل تسهم الفنون التشكيلية في تحسين الصحة النفسية؟

وقد أظهرت نتائج الاستطلاع أهمية الفنون التشكيلية في تحسين الصحة النفسية، إذ أوضح 84 % من المشاركين بالاستطلاع على موقع «البيان» الإلكتروني أن الفنون التشكيلية تحسن الصحة النفسية، بينما رأى 16 % غير ذلك، وجاءت نتائج التصويت على منصة «البيان» على «تويتر» متشابهة، حيث أكدت نسبة 63.6 % دور الفنون في نشر ثقافة الصحة.

دراسـة وبــحـث عـلـمي

وكان لي يا سيدتي ان أبحث من خلال دراسة ميدانية، هل الألوان والرسم وفن سكب الألوان يخفف من التوتر والقلق؟ هل يساعد في اجتياز أوقات عصيبة تمر بها المرأة؟

أجريت دراسة... عينة البحث تكونت من ثلاثة عشر فنانة تشكيلية في مجالاته المتنوعة: وكانت أعمارهم فوق الأربعين شارك في الدراسة 13 فنانة تشكيلية العمر فوق الأربعين وكانت الأسئلة عبارة عن إجابات (بنعم -لا - إلى حد ما) ومن خلال الدراسة العملية يؤكد على دور الفن التشكيلي الإيجابي في التأثير على الصحة النفسية للمرأة بعد منتصف العمر، حيث جاءت نتيجة الدراسة مؤكد على هذه الفرضية.

للتحقق من صحة هذا الفرض تم إجراءات التحليلات الإحصائية الوصفية للعبارات التي تضمنها الاستبيان عن طريق إيجاد النسبة المئوية لتحديد مدى تأثير الفن على الصحة النفسية، كانت نتيجة الاستبيان مشجعة لإجراء استبيان على شريحة من السيدات لا يمارسن العمل الفني، حيث وجدت علاقة قوية بين مجالات الفن التشكيلي وممارسات السيدات لبعض المهارات المتنوعة.

النسبة المئوية	السـؤال
نعم لا إلى حد ما 15.4% 84.6%	ممارسة الفن التشكيلي والألوان ساعدتني في اجتياز فتره عصيبة من حياتي
نعم لا إلى حد ما 100%	وأنا بين الألوان وأعمالي الفنية لا أشعر بالوقت وكأني كنت أتحدث مع أحد طوال الوقت.
نعم لا إلى حد ما 30.8% 61.5%	لم يكن لدي خطط لأصبح فنانة، ولكن الضغوط والأزمات دفعتني لاستكشاف طريقة جديدة للتعامل مع العالم من حولي

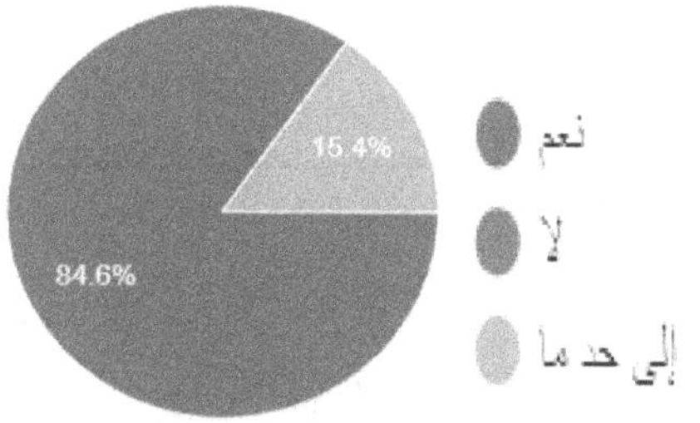

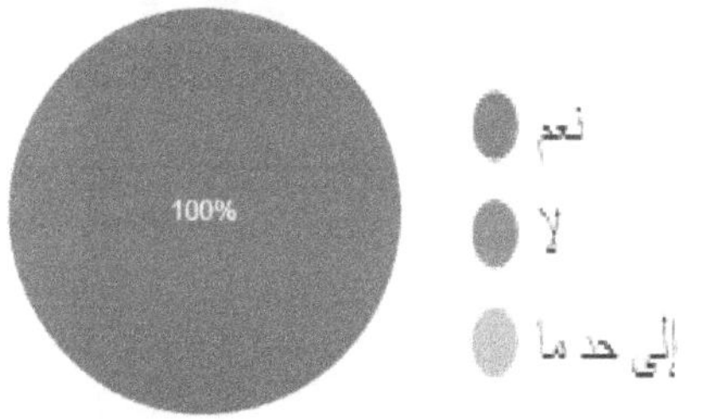

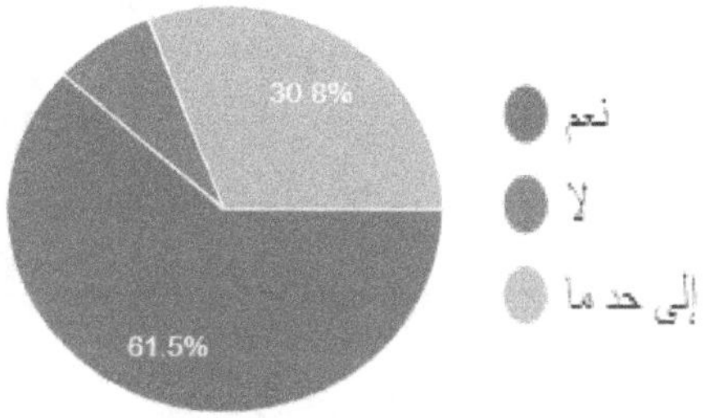

	الفن يعبر عما بداخلي عندما تعجز الكلمات وأصبحت أكثر مثابرة وتركيز
نعم — لا — إلى حد ما 7.7% 84.6%	

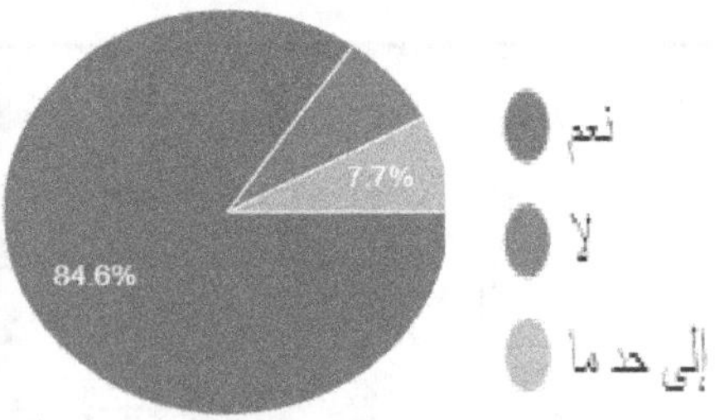

	عندما أحتاج إلى جلسة استرخاء وانفصال عن الضجيج والأصوات السلبية في رأسي ألجأ إلى أعمالي الفنية.
نعم — لا — إلى حد ما 7.7% 84.6%	

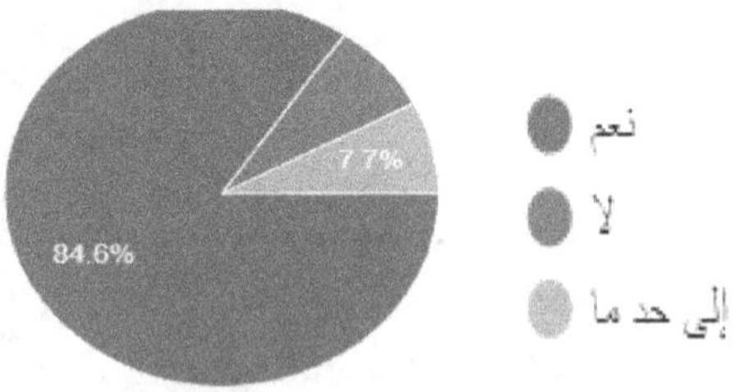

	الفن التشكيلي يساعدني على التفكير الإبداعي، ويدعم ثقتي في نفسي.
نعم — لا — إلى حد ما 15.4% 84.6%	

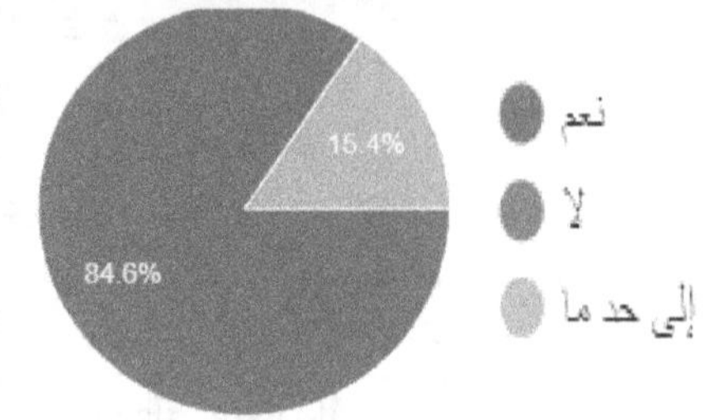

الـفــن الـتـشـكـيـلـي والـمـرأة

الفن التشكيلي يا سيدتي جزء من ثقافتنا، وجزء أصيل من ممارساتنا اليومية، حتى لو كانت المرأة لا تدري أنها تمارس فناً.

إن المواد الأولية التي يمارسها الفنان ليحولها إلى قطعة فنية ونطلق عليها فنا تشكيليا، تستطيع كثير من النساء أن تحول بقايا أدوات مستعمله لتحولها لتحف فنية بمهارة وسهولة وبأقل التكاليف، إن حب المرأة لتنسيق الأزهار وممارسة أشغال يدوية عرائس وألعاب لأولادها، وقيامها بتطريزات لملابس وأعمال التريكو هي تمارس فنا ومهارة فنية لها علاقه من بعيد أو من قريب بالفن التشكيلي بفروعه المختلفة، جزء منه أصيل في التكوين الثقافي للمرأة بشكل عام والعربية بشكل خاص، بل يقاس مهارة امرأه عن غيرها في بعض المجتمعات والطبقة المتوسط بالذات بمدى مهارتها في الأعمال اليدوية بجانب أعمال المطبخ، والذي لا يخلو إعداد الطعام والحلوى من اللمسات الفنية حول الطعام وتشكيل المخبوزات والحلوى، والذي يميز صاحبة الإبداع في هذا المجال ما يريد أن يوصله الباحث هنا أن طبيعة المرأة إن لم تكن تمارس نوعا من أنواع الفن، تستطيع أن تجد منفذا ولو بنسبة لتعيش روح الفنان وهي بين ممارساتها لبعض الأعمال والمهارات اليدوية التي تحقق بها ذاتها، وتخفف عنها ضغوطات الحياة العادية بل بتطوير هذه المهارة.

إن الحرف اليدوية تعتبر نوعا من أنواع الفن التشكيلي، أي يستخدم فيه الفنان أدواته البسيطة ويصنع قطعا فنيا.

وقد نشأنا معظمنا مع أمهات تمارس أنواعا من الفن التشكيلي، كانت أمي فنانة تشكيلية وهي لا تدري، كانت تصنع الورود من الورق الملون كانت مستخدمة أسلاكا رفيعة، وتعيد تدوير أشياء لتصنع منها أشكالا زخرفية، وكانت مثيلاتها كثيرا في زمانهم لتحقيق مظهر جمالي داخل المنزل، أم من

أجل ممارسة هواية؟

إن صناعة الدمية للصغار فنا، والتطريز فن.

إن الفن التشكيلي بتنوعه ومجاله الواسع أقرب ما يكون للمرأة على مختلف مستوياتها الثقافية، حتى لو كانت لا تجيد القراءة والكتابة، فبالتدريب وتزويد المرأة ببعض الأدوات والدورات البسيطة نستطيع أن نثقل من مهارتهن، بل والانتقال بهن من ممارسة مهارة بسيطة إلى الإبداع والمشاركة في المعارض، بل وحصد الجوائز.

الفن التشكيلي خاصة الأعمال اليدوية جزء أصيل في حياة النساء، بل موضع افتخار لكثير من الأسر المصرية أن فتياتهن يجدن هذه المهارة.

المرأة إذا أحبت عملا أبدعت فيه، فما بالك لو هذه المرأة تمارس نوعا من أنواع الرسم والنحت أو التصوير سوف تخرج طاقتها الابداعية.

(المرأة لديها القدرة على التعبير عن تجاربها وتصوراتها من خلال الفنون التشكيلية، يمكن للأعمال الفنية التي تقوم بها النساء أن تلقى تأثيرًا كبيرًا على المجتمع، وتساهم في التغيير وتعزيز التوعية بالقضايا النسائية.)

من هنا كانت انطلاقتي:

بدأت في ممارسة هواية الرسم بتقنية فن سكب الألوان، وكان عليَّ أن أثقل الهواية بالدراسة والاطلاع حول الفن التشكيلي والألوان وأثر ممارسة الفن في تخفيف الضغوط والتوتر الذي يصيبنا في حياتنا وخاصة منتصف العمر، واكتشفت أن مفهوم العلاج بالفن ليس حديثا، وكان عليَّ أن أفهم جيدا فبدأت بالبحث والدراسة.

مفهوم العلاج بالفن ليس حديثا:

سيدتي، استخدام الفن في مجال الطب النفسي لم يكن حديث العهد أبدا، والغرب أخذ فيه مرحلة كبيرة جدا.

وبدأ ظهوره في الوطن العربي في مصر 1960 على يد لويس مليكة في مجال التشخيص بالرسم في خمسينات القرن العشرين، والذي تبلور إلى كتاب 1960 وصدر طبعة سابعة 1994 وتبعه باحثان آخران د أحمد عامر والذي قدم رسالة ماجستير في تشخيص رسوم المرضى النفسين، وأتبعه برسالة دكتوراه تشخيص رسوم مرضى الفصام 1972، ثم تبعته الدكتورة عايدة عبد الحميد في مجال الرسوم العشوائية وصلتها بالسوك الاجتماعي عندنا في مصر.

الفنان البريطاني أدريان هيل، هو أول من أطلق مصطلح العلاج بالفن عام 1942، حيث اكتشف الفوائد العلاجية للرسم بالتلوين في فترة نقاهته من مرض السل، كتب أن قيمة العقل تكمن في العلاج، بدأ ادريان العلاج بالفن والذي تم توثيقه 1945 في كتاب الفن ضد المرض.

الفن لغة فريدة تمنح للإنسان فرصة التعبير عما بداخله من مكونات قد لا يستطيع التعبير عنها لفظيا، وتتيح له استخدام تقنيات إبداعية مثل الرسم أو التلوين أو الأشغال اليدوية والنحت وفن الكولاج وغيرها من الأنشطة الفنية الهدف منها مساعدة المتعالج على التعبير عن نفسه، وهو نشاط فني تشخيصي تنفيسي.

الفن وسيلة علاجية:

الفن التشكيلي كوسيلة علاجية تعتمد على استخدام مجالات الفن من الرسم والتلوين والنحت وفن سكب الألوان لتفريغ الطاقة السلبية وإعادة شحن المريض بطاقة إيجابية من خلال ممارسته لعمل فني إبداعي يتعامل

فيه مع الألوان أو بعض المواد الأولية ببعض التوجيهات البسيطة، فيجد بين يديه عملا فنيا أخذ من تركيزه وفكره ما فصله عن واقعه لبعض الوقت عمل شغل فيه ذهنه وفكره وتركيزه ويديه، انفصل بخياله لينتهي بعمل بين الألوان والأدوات عمل فني وكلما أبدع كلما زاده ثقته بنفسه، واعتزازه بقدراته وكأنه كان في رحلة تأمل العلاج بالفن ليس اكتشاف عقدين العلاج بالفن، موثق منذ عقود تتخطى السبع عقود وهو في تطور دائم حتى أصبح وسيلة تشخصية علاجية انتشرت حديثا كبديل للعلاج النفسي التقليدي.

العلاج بالفن لديه القدرة على التغير:

عرفته المنظمة الدولية للعلاج" العلاج بالفن لديه القدرة على تغير الحياة بطرق قوية وعميقة، فعندما لا تكون الكلمات كافية للتعبير يتم اللجوء إلى الصور والرموز للحديث عن مجريات أحداث الحياة، ومن خلال التعبير عن هذه الأحداث تصبح معالم الطريق نحو الصحة والعافية، والتعويض العاطفي، والانتعاش، لتصل به إلى نهاية المطاف إلى التغير"[1].

وســيــلــة تـنـفـيـسية:

للفن وظيفة تنفيسيه أو تطهيرية باللغة العربية تساعد الفرد على اكتساب الصحة النفسية، والتنفيس هو الإفصاح عن بعض المعاني والأفكار التي استترت في اللاشعور، حجبتها ظروف الحياة وتقاليدها عن أن تخرج جهارا للناس كي يتأملوها ويعرفوا مضمونها. [2]

---

1 International Art Therapy Organization, IATO

2 محمود بسيوني التربية الفنية والتحليل النفسي

الـفــن يعبـر عنـدمـا تعجـز الكـلمـات:

شاركت ماريانا ميساكيان في ورشة العمل العام الماضي.

قالت "أنا امرأة كلمات، وأستخدم القواعد وعلامات الترقيم للتعبير عن نفسي ورواية قصصي، ولكن الفن يتحدث حيث تفشل الكلمات، وأردت تجربة أداة جديدة، وعملية إبداعية مختلفة لاكتشاف نفسي من زاوية مختلفة، والتعبير عن كلامي بشكل فني وبِوعي جديد".[1]

لا تمتلك ميساكيان أي خلفية فنية، ولم يكن لديها خطط لتصبح فنانة، لكن الفضول فقط هو ما دعاها لاستكشاف طريقة جديدة للتعامل مع العالم من حولها.

قالت: "كان هدفي السماح للألوان والأشكال بالظهور من الداخل، وكنت متحمسة للغاية لرؤية كيف ستقدم لي أحلامي ومشاعري، وما الذي سيظهرونه لي".

اشترت ميساكيان الآن قماشًا وأصباغًا وفرشًا وخصصت مساحة للفن في مكتبها المنزلي، قالت:

"يساعدني هذا على التواجد في اللحظة الراهنة لإسكات الضوضاء الخارجية، والمتطفلين، والاستسلام لحواسي، والنظر إلى الداخل، والتعرف على صوتي والسماح له بتوجيه الفرشاة.

لقد قمتُ بالفعل برسم قطعة فنية واحدة وأنا فخورة بها للغاية، ليس بسبب الفن نفسه، ولكن لأنني تعلمت أن أكون متقبلة للعملية والأدوات".[2]

---

1 ماريانا ميساكيان

2 (ميلاني سوان

دعـــــوة

سيدتي، دعوة لممارسة أي عمل فني بجانب هواياتك الأخرى، حيث استخدام أعمال فنية مرتبطة بالألوان له تأثير مبهج على النفس.

سأعرض عليك سيدتي الجميلة ما يعود على الإنسان من فوائد وآثار نفسية وصحية إذا داوم على إدخال أي عمل فني في ممارساته اليومية خاصة السيدات بعد منتصف العمر.

"زاهرة موثي" وهي فنانة تمثّل جزءًا من المشهد الفني في دبي منذ 10 سنوات تصر على أن بإمكان أي شخص المشاركة والاستفادة من العلاج بالفن.

قالت: "لستَ بحاجة إلى أن تكون فنانًا لكي ترسم، فنحن جميعًا مبدعون على طريقتنا الخاصة، لن يحكم عليك أحد ولا توجد فنون جيدة أو سيئة، إنها مجرد تفسيرات لرؤيتك للحياة".

بعض فوائد ممارسة أي عمل فني

1.تحسين صورة الذات وتقبلها:

من خلال العمل الفني واستعمال الألوان حيث يخوض الإنسان رحلة مع نفسه داخل أعماقه، حيث يبدأ الإنسان يتعلم كيفية التواصل مع نفسه ومع الآخرين.

وتقول "كيلي يم فولك" المسئولة عن البرامج الموجهة للكبار في مكتبة نيويورك "نحن نقدم المكان والمواد، وهذه الأنشطة تتيح للناس أن يتواصلوا مع أصدقائهم، أن يلتقوا أشخاصا جددا.

الأمر بسيط ولا يحتاج إلى موهبة للمشاركة فيه، وهو لا يكلف الكثير ومعظم المشاركين هم الكبار في السن ولاسيما من النساء، إلا أن بعض ورش التلوين يشارك فيها كبار ومراهقون وأطفال جنبا إلى جنب"[1].

عرض موقع "أمازون" أيضا مئات دفاتر التلوين المخصصة للكبار، منها تسعة تحتل قائمة الكتب العشرين الأكثر مبيعا في العالم.

2.تحسين مستوي الوعي واليقظة:

من خلال التركيز على العمل الفني، والانفصال عن أي مثير خارجي يشتت الانتباه، فهو يحاكي رحلة التأمل التي يخوضها ممارسة رياضه اليوجا، ويشار إلى أن الرسم والتلوين يساهم في تركيز التفكير والانتباه على حركات اليد، وسطوع الألوان المستخدمة، وملمس ورقة الرسم، مع تجنّب التفكير في المشاعر؛ ممّا يساهم في تخفيف الانخراط في المشاعر والأفكار السلبيّة

3.تحسين المزاج وخلق شعور بالرضا

الفن يحفز إفراز الدوبامين، ويتم إطلاق هذه المادة الكيميائية عندما نقوم

كيلي يم فولك(1

بشيء ممتع، وهي تجعلنا نشعر بالسعادة، يمكن أن تكون زيادة مستويات هذا الناقل العصبي الذي يجعل الشخص يشعر بالرضا مفيدًا جدًا إذا كان يعاني من القلق أو الاكتئاب، وفق ما ذكره موقع "ريتور" المتخصص في الصحة النفسية في تشتيت انتباه الشخص عن الأمور والمشاعر السلبيّة من خلال التركيز بالرسم، وبالتالي تحسّين المزاج لديه ويتوافق ذلك مع ما يُذكر في أسس تنظيم المشاعر، وفي دراسة نشرت عام 2021 م في مجلة الحدود في علم النفس بالإنجليزية Frontiers in Psycholog، تم إجراؤها بناءً على عدد من الدراسات السابقة، فقد بينت جميعها أنّ للرسم تأثيرًا أفضل في تحسين المزاج عندما يُعتبر كمصدر للإلهاء عما إذا تمّ استخدامه كوسيلة للتعبير حتى عندما يكون محتوى الرسم محايدًا؛ كرسم مبنى على سبيل المثال، ويُعزز هذه النتائج ما تمّت ملاحظته بتحسّن الأعراض وارتفاع مستويات الاستيعاب لدى الأطفال الذين يعانون من التشتّت، وذلك باستمتاعهم بالرسم عند استخدامه كمصدر للإلهاء، وقد يفسر ذلك سبب كون الرسم بهدف الإلهاء أكثر فاعلية في تحسين الحالة المزاجية من اتخاذ الرسم وسيلةً للتعبير، كما وجد أيضًا أنّ الرسومات التخيليّة؛ كالتي تتضمّن إنشاء عالم خياليّ تساهم بشكلٍ إضافيّ في تحسين المزاج.

4. الثّقة بالنفس والشعور بالإنجاز:

ممارسة العمل الفني يعزز الجانب الإبداعي لدينا، ويمنحنا الشعور بالسعادة والفخر عند رؤية النتيجة، مما تجعلنا نزداد رغبة في الإبداع وتطوير الذات خاصة انها سهلة ليست صعبة.

5. تنمية الاستقلال والقدرة على اتخاذ القرار:

تحسين طريقة التفكير في معظم الأمور التي تواجهنا في الحياة، والتي قد

نعتقد بأنها بالغة الصعوبة، يُوسّع الرسم دائرة التفكير لدى الشخص ممّا يساهم في بروز الأفكار الإبداعيّة غير المألوفة، بالإضافة إلى تعزيز مهارات حلّ المشكلات.The Health Benefits

6- الحد من الإحساس بالوحدة والتخفيف من الشعور بالغربة:

الاستغراق في عمل فني عباره عن رحلة مع العالم الجميل الذي تراه من خلال إبداع فني ولو عمل بسيط، حيث تعيش صداقة وصحبة هادئة تستعيد فيها قواك ونفسك.

7- خفض مستوى القلق والاضطراب:

من خلال ممارسة العمل الفني واستخدام الألوان يتم عملية تنفيس لكم القلق الذي بداخلنا، والتعامل مع الألوان يسحب الطاقة السلبية ليستبدلها بطاقة إيجابية تنمية للاستقلال والقدرة على اتخاذ القرار.

الدور الفعال والإيجابي للفن التشكيلي والألوان في الصحة النفسية للإنسان مع فئات عمرية مختلفة

أثناء الدراسة البحثية حول مرحلة منتصف العمر والفن التشكيلي والألوان، كانت المفاجأة أنني توصلت لمعلومات جديدة بالنسبة لي ولكثير حول الدور الفعال والإيجابي للفن التشكيلي والألوان في الصحة النفسية للإنسان مع فئات عمرية مختلفة، وبالفعل سيدتي كان للفن دور مع المراهقين مع الذين لديهم أعراض ما بعد الصدمة، حيث حدث خفض لهذه الأعراض بأحداث "تساومي" في سيريلانكا عام ٢٠٠٤ حيث مات (٣٠) ألفا، والأطفال الناجون كان لديهم صدمة لأنهم فقدوا من يحبون، ولم يعطوا الفرصة ليعبروا عن أحزانهم وآلامهم، وتم مع عينة من الناجين، كانت الدراسة مكونة من (١١٣) طفلاً أعمارهم بين 5 و13 وجد أن العلاج بالفن كان مؤثرا بشكل كبير وفعال مع الأطفال.

1. الفن والحالة النفسية دراسة لكل من بل وروبنس:

2007 دراسة على 50 شاب تتراوح اعمارهن بين 18-30 عام حيث جاءت النتائج أن العمل الفني من رسم وتلوين يحسن من الحالة المزاجية والنفسية. تقول لويز لامبرت، أستاذة علم النفس في جامعة الإمارات العربية المتحدة والتي تدرس وتطور برامج التدخل النفسي الإيجابي، إن الفن يمكن أن يقدم العلاج لأسباب عديدة، قالت: "يسمح الفن بدرجة من المعالجة العاطفية التي لا تكون ممكنة دائمًا من خلال الكلمات، وبذلك يمكنه معالجة الإدراك والأفكار والعبارات والعواطف بطريقة مختلفة".

2. الفن وتحسين صورة الذات وتقدير الذات دراسة بونتري (2001) Pontieri

دراسة حول أثر العلاج بالفن الجماعي(الرسم) على صورة الذات

وتقدير الذات وطبيعة التفاعلات بين الأم والطفل، الجلسات أمهات وأطفالهن، تعاني الأمهات من أعراض الاكتئاب مما كان له أثر سلبي رعاية أطفالهن، جاءت نتائج الدراسة إيجابية وسجلن الأمهات مستوى عال من تقدير الذات وتفاؤل وثقة بالنفس، وانعكس على أطفالهن.

3. تأثير ممارسة الرسم والتلوين الفعال في انخفاض حدة الميول الانتحارية لدي الشباب.

قامت الدراسة على 100 شاب، وتوصلت الدراسة أن البرنامج التدريبي المستخدم في الدراسة كان له تأثير فعال في انخفاض حدة الميول الانتحارية نتيجة وجود متنفس آخر غير الهروب من الحياة، وذلك من خلال الرسم والتلوين والأعمال الفنية.

برنامج تدريبي بالفن التشكيلي (رسم وتلوين) لخفض حدة الميول الانتحارية لدى عينة من الشباب الجامعي.

د/صابر فاروق محمد د/ غدير أحمد المياح مدرس الصحة النفسية والإرشاد النفسي مدرس التربية الفنية كلية التربية جامعة عين شمس كلية التربية جامعة 6 أكتوبر.

دراســـة تـطـبـيـقـيـة

وهنا كان لي دراسة تطبيقية أثناء الدراسة البحثية التي قمت بها حول منتصف العمر، وفاعلية برنامج علاجي نفسي للسيدات في منتصف العمر من خلال الفن التشكيلي والألوان (فن سكب الألوان)، وكانت نتائج هذه الدراسة مبشرة جدا في تحسين الحالة النفسية والصحية على المريضة، وسوف أعرض لك سيدتي هذه الدراسة التطبيقية.

الـبــرنـــامـــج

فيما يلي عرض برنامج علاجي فني باستخدام فن سكب الألوان على عينة تتكون من فرد واحد تعاني من أعراض أزمة منتصف العمر، حيث يبين البرنامج النتائج الإيجابية على الصحة النفسية، وكيف أسهم البرنامج في التخفيف من الضغوط النفسية التي تعاني منها السيدة (ع).

البداية كمرحلة أولى، هناك عدة مراحل تمر بها هي مراحل متداخلة، لها بداية ووسط ونهاية، ولا يوجد فواصل بينهما تطول أو تقصر حسب حالة المريض وحسب الاستجابة التي يبديها لتكوين علاقة وثقة بينة وبين المعالج.

في البداية كانت المقابلة الأولى مناقشة وحوار مرحلة منتصف العمر، ثم شجع النقاش أن تكون الأسئلة مباشرة نظرا لسعة أفق المريضة ووعيها.

الأسئلة خاصة باستبيان يكشف عن مستوى الأزمة التي تعيشها السيدات في مرحلة منتصف العمر.

جاءت نتيجة المقابلة والاستبانة توضح معاناة السيدة (ع) في هذه المرحلة.

بيانات السيدة

العمر: 45 عام

الحالة الاجتماعية: متزوجة، ولكن الزوج يكاد يكون متغيبا معظم الأيام.

الظروف الصحية: تعاني من عدة أمراض قلب وصدر وكبد بالإضافة إلى مشاكل في القدمين أعجزتها عن الحركة، فهي تعاني معاناة شديدة في الحركة وتكاد تكون قعيدة في الفراش.

من خلال المقابلة الأولى تم بلورة الخطة العلاجية التي تساهم في التخفيف من معاناة المريضة

أولا: هي تعي ما تمر به من معاناة وضغوط نفسية وظروف اجتماعية هي أكثر ما تحتاج إليه أولا التنفيس حتى تتحرر من هذه الضغوط النفسية.

ثانيا: تحتاج نوعا من الصفاء الذهني والاسترخاء لتستطيع المواصلة.

ثالثا: تحتاج لبعض الترفيه والمتعة فهي لا تخرج من بيتها بالشهور بل بالسنوات.

تم عرض عليها برنامج جلسات علاجية من خلال الألوان، وكان الاستعداد قوي، بل كاستقبال الأطفال لخبر الخروج لنزهة.

1. تم الإعداد للمكان.

2. أعداد الأدوات والتعريف بها.

3. استخدام الرسم الحر لا قيود، ولا تحديد، وسنقوم بإعداد الألوان وتجهيزها معا خطوه بخطوة، وكأنها ستشارك في دورة خاصة بفن السكب.

انتهت المرحلة الأولى أو البداية

برنامج العلاج:

الــهــدف

تفريغ الطاقة السلبية وإعادة شحن المريض بطاقة إيجابية من خلال ممارسته لعمل فني إبداعي يتعامل فيه مع الألوان، أو بعض المواد الأولية ببعض التوجيهات البسيطة.

فيجد بين يديه عملا فنيا أخذ من تركيزه وفكره ما فصله عن واقعه لبعض الوقت، شغل فيه ذهنه وفكره وتركيزه ويديه، انفصل بخياله لينتهي بعمل ترك المجال للمريضة لاختيار الألوان.

اختارت"ع" عددا من الألوان كلها مبهجة، طلب الباحث منها عدم استخدام الألوان الجاهزة وستقوم هي بتجهيز الألوان.

بدأت بتجهيز اللون الأصفر الكناري، وبمجرد وضع اللون على الورنيش المائي الشفاف ظهر اللون الأصفر كما تحدث القرآن صفراء فاقع لونها يسر الناظر إليه، كانت البهجة تعلو وجهها ثم تركيب اللون الأزرق، ثم طلبت منها خلط جزء من اللون الأصفر على الأزرق ليظهر اللون الأخضر الذي أسعدها بشدة، كانت تشعر أنها تقوم بتجارب استكشافية، فدرجات الألوان السائلة التي تستخدم في فن السكب تظهر اللون في أبهى صورة وهكذا كان اختيارها للألوان المبهجة وتجهيزها متعة كبيره ثم صببنا السائل بتقنية السكب على قطعة خشب أباجورة قديمة لدى السيدة (آ)

الجلسة الأولى

تمت من خلال تطبيق فنيات العلاج بالفن

الهدف النظري:

1- فنيات استكشافية تمهيدية (التحرير من الضوابط الشعورية).

٢- فنية التخطيط (عمل حر بالخامات التي يفضلها).

الهدف الجزئي:

1- استكشاف الألوان (حرية اختيار الألوان).

2- استكمال العمل (حيث يقوم بإضافات لمساته وتعبيراته الملاحظة لدى الباحثة).

الخـــطـــوات:

كانت لعملية دمج الألوان تأثير نفسي إيجابي لدي السيدة (ع)، حالة الانبهار بالألوان ودرجات الألوان السائلة، الانتهاء من عمل فني قامت بالمشاركة فيه أسعدها، كان لها تغيرات الأطفال في سعادتها.

تعليق السيدة (ع) قالت حرفيا: "شعرت كأنني في رحلة قبل تحديد الجلسة الثانية"

تواصلت معها أخبرتني أن مشهد الألوان أثناء عملية السكب وتداخلها مازال أمام عينيها وكلما تذكرت مشهد الألوان ينتابها حاله من الهدوء

الجلسة الثانية:

أولا: الهدف النظري

ـ أسئلة حول الفن والألوان لمعرفة مدى علاقاتها بالفن التشكيلي، ومدى تأثيره على صحتها بشكل إيجابي لو قمنا ببعض التوجيهات وتشجيعها على ممارسته ولو هواية.

ـ تطبيق أحد أسس استخدامات التعبير الفني كوسيلة تشخصية وعلاجية، الفن وسيلة تعويضية عما يشعر به الفرد من عجز وقصور نفسي وجسمي من خلال الفن يستطيع إشباع حاجاته.

ثانيا: الهدف الإجرائي

الاستفادة من الطب اللوني والعلاج بالفن التشكيلي في تنفيذ عمل فني يغلب عليه اللون الأخضر، حيث يقول أندرسون في كتاب الصحة والتداوي باللون اللون الأخضر:

"يتم استقبال الجسم له بين عظمتي الكتفين، ويؤثر على قوة القلب وضغط الدم وهو مهدئ للأعصاب، ويجدد نفسية الحياة " "الصحة والتداوي باللون" تأليف "ماري أندرسون"

ثالثا: خطوات التنفيذ:

تم الإعداد للمكان، حيث ممارسة فن السكب يحتاج إعداد للمكان، وأدوات ومستلزمات للمحافظة على نظافة المكان لأننا نعمل بألوان سائلة، كانت المقابلة محدده بهدفين، أحدهما تطبيق أحد أسس استخدامات التعبير الفني كوسيلة تشخصية وعلاجية.

الفن وسيلة تعويضية عما يشعر به الفرد من عجز وقصور نفسي وجسمي، من خلال الفن يستطيع إشباع حاجاته من أنه يستطيع أن يحقق بعضا من الإنجاز.

بدأت المقابلة بحوار حول الفن التشكيلي، وأسئلة كانت على هيئة استبانة.

هل مشاهدة أعمال فنية متناغمة الألوان يؤثر على حالتك المزاجية عندما تتعرضين لبعض الضغوط؟ وتقومين بممارسة أي عمل فني لو بسيط يخف من حدة التوتر لديك؟

هل تودين لو كنت تجيدين فن الرسم أو التلوين في هذا الوقت بالذات؟

ج/ كثير ما تبهرني ألوان السماء قبيل الغروب وأتمنى لو أجيد التعامل مع الألوان.

هل هناك ألوان تبعث في نفسك السعادة والتفاؤل وتتمنى أن تعبري عما بداخلك في عمل فني؟

كانت الإجابة كلها بنعم وجدت من هذه الإجابات أن ممارسة أي عمل فني سوف يكون له دور فعال الخروج من أزمتها التي شاركت فيها جميع الظروف الحياتية.

الجزء الثاني من الجلسة

قمنا بالسكب على مائدة طعام صغيرة شاركتها في اختيار الألوان هذه المرة، كانت الألوان بدرجات الأخضر والأصفر لنحصل على مساحة خضراء على المائدة، ولتأثير اللون الأخضر على الحالة الصحية.

تم العمل الفني وكنت أتعمد البطء في عملية السكب حتى تستمتع بالألوان السائلة بلونها الزاهية الجميلة، وكان لتأثير اللون الأخضر عل نفسيتها إيجابي جدا.

ملاحظات الباحث

أثناء سكب الألوان على سطح كبير، نحتاج حسب تفنيه السكب لتحريكه السطح، وكان رد فعل السيدة (ع) غير متوقع حيث تفاعلت معنا وشاركتنا الإمساك بالطاولة وتحريكها وإعطائنا ملاحظات للألوان وتخفيف هذا الجانب وسكب بعض اللون هنا أوهناك بالرغم أن حركتها ضعيفة لم أحاول التعليق تركتها تشاركنا.

تعليق السيدة (ع) على الجلسة السابقة، أنها شعرت برغبة شديدة في المشاركة في عملية تحريك المائدة وتوزيع الألوان عليه.

الجلسة الثالثة

الهدف النظري:

ماهية الألوان وتأثيرها على الصحة النفيسة والجسمية.

الهدف الإجرائي: عمل لوحة سكب فني يغلب عليها ألوان الزرقاء (السماوي).

يذكر أندرسون في كتاب الصحة والتداوي بالألوان أن اللون السماوي واللون النيلي المشتقان من الأزرق، تساعد عند التعرض لها لحالة من الاسترخاء وهدوء الأعصاب، حيث يستقبل اللون عضو الجسم الحنجرة ويقول إنها مسئولة عن الإرادة والمهارات اللغوية"[1].

الخطوات:

تم توضيح الخطوات وأثناء عملية السكب وتوضيح أهمية التعامل مع اللون النيلي وترك للمريضة المجال مع توجيهات الباحثة.

الملاحظة: أثناء عملية سكب الألوان على اللوحة كانت تستمع باللون الأزرق بدرجاته المختلفة، كانت تشارك وتتفاعل حتى نسيت ووجودنا وبدأت تدندن وهي تمارس عملية توزيع اللون وهذه الجليسة كان هناك استعمال للفرشة لاستكمال تغطية جوانب اللوحة.

التعليق: الإنجاز لعمل فني من صنع يد الإنسان، أو المساهمة فيه يعزز الثقة بالنفس.

العمل مع الألوان السائلة يشبه رحلة داخل الطبيعة والتأمل.

النتيجة: الأثر الإيجابي على المريضة، وكأنها تخرج في نزهة يوضح أثر الألوان والفن على الصحة النفسية وأهميته.

<hr>

انتهت الجلسة بطلب من المريضة مواصلة تدريبها على التعامل مع الألوان من خلال الرسم الذي تحبه وتدريبها على ممارسة فن سكب الألوان

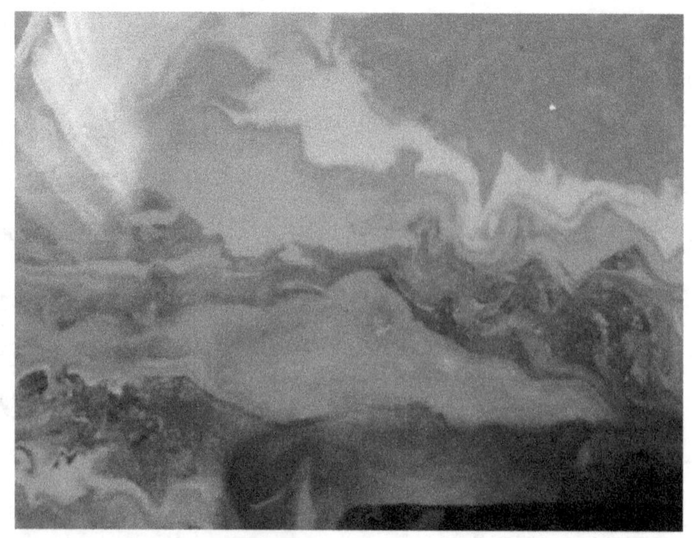

نتائج الدراسة التي انتهيت منها

هل يستطيع الفن التشكيلي والألوان أن يكون لهما دور فعال في التخفيف من أزمة منتصف العمر عند السيدات؟

تشهد الساحة العربية منذ أكثر من عشرين عام تقدما ملحوظا في خطواتها السريعة نحو الدارسات والأبحاث التي تتناول أهمية العلاج بالفن والألوان وتقديم البرامج لفئات عمرية مختلفة والتي أثبتت تقدما إيجابيا وملحوظا في نتائجه الفعالة، مما جعل الإقبال عليه، والخطوات نحوه سريعة وخاصة دول الخليج، وطبعا دول الغرب سبقتنا بمراحل في هذا المجال، وإذا أشرنا إلى نتائج الدراسات العلمية السابقة التي أكدت على نجاح برامج العلاج بالفن التشكيلي والألوان والتي أثبتت أن ممارسة الأعمال الفنية من رسم وتلوين ساعد في:

- خفض حدة الميول الانتحارية لدى الشباب نتيجة وجود متنفس آخر.
- غير الهروب من الحياة.

- خفض بعض الاضطرابات النفسية لدى التلاميذ ذوي صعوبات التعلم.

- تخفيف حدة التوتر والقلق.

- التخفيف من أعراض ما بعد الصدمة إلى أطفال ومراهقين تعرضوا لإيذاء جسدي وجنسي.
- برامج العلاج بالفن التشكيلي حسنت من حالة أمهات كانوا يعانون من أعراض اكتئاب، فأصبحن أكثر تفاؤل وإقبال على الحياة، وعززت تقديرهم لذواتهم.
- التخفيف من اضطرابات أعراض ما بعد الصدمة لدى مرضى تعرضوا للإيذاء والحروق، حيث انخفضت الأعراض بعد البرنامج العلاجي.

- نتائج إيجابية لمريضات بسرطان الثدي، أظهرت النتائج بعد البرنامج تغيرات إيجابية في معالجة انفعالاتهم.
- تحسين المهارات عند أطفال الأوتيزم والراحة النفسية.
- العلاج بالفن يمنح قوة للمسنين حيث تمنحه فرصة للاستمتاع بالحياة.
- سهل لوالدين فقدا ابنهما الشفاء والخروج من الصدمة بعد البرنامج العلاجي.
- هذه النتائج التي تم عرضها داخل البحث بشيء من التفصيل، تؤكد أن مرحلة منتصف العمر لدى السيدات.
- تستطيع برامج الفن التشكيلي العلاجية والألوان أن تحقق فيها أفضل النتائج بالإضافة إلى إكساب السيدات مهارات جديدة تبعث فيهن الثقة بالنفس.

الــخــاتــمــة

سيدتي، أنا حاولت، وأنتِ أيضا تستطيعين، ابحثي في قدراتك وأفكارك ستجدين الكثير، لكن لكِ مشروع حياتك، تجدين نفسك فيه السعي في الحياة هو المطلوب من أجل مسايرة ظروف الحياة سعيا نحو حياة أفضل مادية أو علمية.

لا تركني لأي ظروف، كوني طاقة الأمل لمن حولك ولأبنائك، كوني سيرة طيبة تُروى عنك سيدتي، حتى لو كنت تخطيت الستين والسبعين سوف يكون عطاؤك مميز وسيكون لك جمالك المتميز سيدتي الجميلة، بل رائعة الجمال.

المراجع

- د/أحمد خيري حافظ 1993_ كتاب بعنوان أزمة منتصف العمر_ أخبار اليوم للطباعة والنشر

- د/إبراهيم سالم الشراري- دراسة بحثية بعنوان فاعلية العلاج بالفن في تنمية بعض مهارات التواصل الاجتماعي لدى ذوي صعوبات التعلم من تلاميذ المرحلة الابتدائية – 2023

- م.د/ توفيق عبد الرحمن جبريل، أثر اللون في الفراغات الداخلية على النشاط التسويقي للمراكز التجارية، رسالة ماجستير قسم العمارة، كلية الهندسة، الجامعة الإسلامية -غزة –2013

- م.د/ سارة عمرو محمد -بحث علمي بعنوان

- التأثيرات الجمالية لسكب الألوان مع مفردات الخطوط العربية لإثراء اللوحة الزخرفية -أبريل 2024

- الدكتورة يسرا وهبة - المتخصصة في تقنية سكب «ألوان الأكريليك»، https://www.albayan.ae/culture-art/culture/2021-06-24-1.4193567

- د. جوهرة بنت سالم الخليوي –دراسة بعنوان تأثير الألوان على الشخصية - أستاذ مشارك السكن وإدارة المنزل كلية التصميم والفنون

- بجامعة أم القرى -

- المجلة العلمية المحكمة لدارسات وبحوث التربية النوعية

- أكتوبر – المجلد الثامن العدد الرابع - مسلسل العدد

- 2022

- د فاتن محمد المومني، قاسم محمد سمور- دراسة بعنوان أثر برنامج إرشاد جمعي يستند إلى العلاج بالفن في خفض الاكتئاب والقلق وزيادة الرضا عن الحياة.

- لدى كبار السن في دور الرعاية-2017

- د/ نادية عبد المنعم السيد عامر-دراسة بحثية بعنوان الدعم الأسري المدرك لدي الزوجة في ضوء محدثات أزمة منتصف العمر وعلاقته بأساليب مواجهتها للضغوط الحياتية.
- م.د / وفاء رشا د راوي - دراسة بحثية - برنامج قائم على العلاج بالفن لتنمية مهارات التواصل الوجداني وأثره على خفض الشعور بالوحدة النفسية لدى أطفال الروضة ضعاف السمع - العدد الثالث ع ابري ل – 2020
- د-لويس مليكة -دراسة الشخصية عن طريق الرسم --دار القلم -الكويت
- 1990
- د رضا محمود السيد – دراسة بعنوان فاعلية البرنامج العلاجي القائم على الفن التشكيلي في خفض بعض الاضطرابات النفسية لدى التلاميذ ذوي صعوبات التعلم -2022
- عبد المطلب احمد القريطي- مدخل سيكولوجية رسوم الأطفال- دار المعارف بمصر الطبعة الاولي-1995
- عوض مبارك اليامي مفهوم العلاج بالفن التشكيلي -مركز البحوث كلية التربية جامعة الملك سعود-الرياض.
- كتاب قواعد الحياة ريتشارد تمبلر.
- https://www.ahmadrabah.com/site/article/250
- https://leftbrainedartist.com/what-is-acrylic-pour-painting/.
- https://alrouwadnews.com/6618/
- https://www.ajnet.me/midan/art/finearts/2018/4/
- https://tawfekhegazy.yoo7.com/t275-topic
- https://www.psychologytoday.com/intl/therapy-types/art-therapy/
- https://www.ahmadrabah.com/site/article/250

المراجع الأجنبية:

• Amanu Mashhour Hendy, Nehal Nebil Zaher (2018):"The Role of Interior Design for Enhancing Positive Emotions within the Housa", International Journal of Innovation and Applied stadies, 24NO. www.ijias.issr-journals.org

• 1. Emery, M., (2004), Art therapy as an Intervention for Autism, Journal of The. American Art Therapy Association, 21 (3) pp. 143-147. Retrieved from http://eric.ed.gov/?id=EJ682598

• https://www.dalilimedical.com/articl

• https://www.arttherapy.org/upload/2017_DefinitionofProfession.pdf